CREA TU EMPRESA EN 15 DÍAS:

GUÍA PARA MONTAR TU NEGOCIO PASO A PASO

GUÍA PARA CREAR TU EMPRESA EN 15 DÍAS

Ninguna parte de este libro puede ser escaneada, reproducida o distribuida en forma impresa o electrónica sin el permiso previo del autor o editor.

Estamos encantados de recibir reviews de nuestros clientes. Si tienes la oportunidad de dejar una review, estaremos muy agradecidos.

¡Muchas gracias!

EPÍLOGO

En esta guía aprenderás a cómo abrir una empresa desde 0 paso a paso en España en 15 días. Esta guía se basa en la experiencia propia del autor donde te explica como pudo constituir una empresa de la forma más rápida y económica posible.

En este guía aprenderás a:

- ✓ Ahorrar para constituir tu empresa: descubre los mejore trucos que existen para poder montar tu negocio al mejor precio posible y ahorrando al máximo en los procesos de la constitución del mismo.
- ✓ El mejor aliado La Cámara de Comercio: un agente que puede ser clave a la hora de abrir tu compañía es la cámara de comercio regional de tu zona que te dará y te ayudará en todo lo que sea necesario para comenzar tu negocio.
- ✓ Documentación necesaria: también te enseñaremos qué tipo de documentación se necesita para empezar una corporación y como cumplimentarla de la forma más rápida para poder dar de alta tu empresa.
- ✓ Estar en manos de los mejores profesionales: te daremos la mejor guía para ponerte en contacto con las distintas empresas que deberás contactar y solicitar sus servicios para poder poner en marcha tu negocio.
- ✓ Conceptos claves: además, te ayudaremos con muchos de los conceptos claves que debes tener claro para montar tu negocio, como la ubicación, tipo de forma jurídica o la tipología del mismo.
- ✓ Siguientes pasos: no solo terminaremos una vez se haya constituido tu empresa, te enseñaremos los siguientes pasos opcionales que puedes seguir para seguir tu camino del emprendimiento.

Si eres un emprendedor que quiere abrir su negocio de la forma más sencilla y con los menos costes posibles, ¡esta es tu guía!

ÍNDICE

1.-Conceptos clave para montar tu negocio

1.1.-Ámbito y tipología de empresa

Lo primero que tienes que hacer para empezar a abrir tu empresa es decidir en qué país la vas a constituir. Si vives en España, la forma más sencilla y económica de montar tu negocio es usando el domicilio social en España. A la larga, España no es el mejor país para montar tu empresa a nivel fiscal, pero para empezar esto no supondrá un problema debido a que lo normal es que tengas más pérdidas que ganancias en los primeros años. Lo ideal es mover tu empresa a otros lugares de la UE cuando empieces a generar volúmenes considerables de beneficios, Los países, por proximidad y fiscalidad más recomendados para trasladar tu negocio desde España son Portugal o Andorra. No obstante, el mover la sede de tu empresa a otro país será más o menos complicado si esta es digital o física y dependiendo del tipo de negocio que realices.

También otras opciones que se pueden hacer es abrirte una empresa directamente en otro país. El país que pone muchas facilidades para poder realizar este tipo de aperturas es Estados Unidos, pero esto lo dejamos para otra guía.

Dicho todo lo anterior, supongamos que decides abrir tu empresa en España, facilitando mucho así los trámites de esta. Pero no solo debemos elegir si vamos a estar en España o no, también debemos decidir en qué comunidad autónoma y provincia elegimos. Esto en la mayoría de los casos, no lo elegimos nosotros, si no que situaremos nuestra empresa en nuestra vivienda habitual para ahorrar costes. La selección de la comunidad autónoma puede ayudar a la fiscalidad de la empresa y en las ayudas o subvenciones que el Gobierno da a las startups. Si tienes la posibilidad de elegir la sede de tu empres, lo mejor es decantarse por Madrid, País Vasco y las Islas Canarias.

Otro aspecto para decidir es si tu negocio es físico u online. Esto no va a cambiar mucho los trámites a seguir para abrir la empresa en España, pero sí que condiciona las estrategias y los recursos iniciales que necesitas para la misma. La recomendación, si es la primera vez que emprendes, es que abras una empresa digital. La razón es sencilla, tener un negocio online ahorra los recursos físicos que necesitas para montar una empresa física. Además, en el caso de tener que cerrarla es más fácil deshacerte de la online que de la física.

En este punto, vamos a suponer que has elegido montar una compañía online. No obstante, si alguno de los siguientes trámites cambiará para el negocio físico, se indicará los aspectos que son diferentes.

1.2.-La mejor forma jurídica en España

Una vez seleccionado el ámbito de la región en España, debemos seleccionar qué forma jurídica queremos adoptar. Para ello vamos a realizar una breve descripción de las formas jurídicas más comunes en España.

¿En qué consiste trabajar cómo autónomo?

Trabajar como autónomo, también conocido como trabajador por cuenta propia o trabajador independiente, implica llevar a cabo una actividad económica de manera individual y autogestionada, sin depender de un empleador directo. Aquí te describo en qué consiste trabajar como autónomo:

1. **Independencia laboral**: Como autónomo, eres responsable de tu propio negocio o actividad. Tienes la libertad de tomar decisiones sobre el tipo de trabajo que realizarás, cómo lo llevarás a cabo y cuándo lo harás. Esta independencia también implica que puedes elegir a tus propios clientes y proyectos.

2. **Gestión y administración:** Los autónomos son responsables de administrar todas las áreas de su negocio, desde la contabilidad y los impuestos hasta la planificación estratégica y la atención al cliente. Debes asegurarte de mantener registros financieros precisos, cumplir con las obligaciones fiscales y mantener un flujo de trabajo organizado.

3. **Flexibilidad:** Una de las ventajas clave de trabajar como autónomo es la flexibilidad en cuanto a horarios y lugar de trabajo. Puedes decidir cuándo y dónde realizar tus tareas, lo que puede ser especialmente útil si buscas equilibrar tu trabajo con otros compromisos personales.

4. **Responsabilidad financiera:** Como autónomo, eres responsable de gestionar tus ingresos y gastos. Deberás establecer tus tarifas, presupuestar tus gastos operativos y asegurarte de mantener un flujo de efectivo saludable para cubrir tanto tus necesidades personales como los costos de tu negocio.

5. **Seguridad social y seguro médico:** A diferencia de los empleados asalariados, los autónomos suelen ser responsables de su propia seguridad social y seguro médico. Deberás investigar y elegir opciones de seguro de salud y considerar la posibilidad de cotizar para la seguridad social y las pensiones según las regulaciones de tu país.

6. **Variedad de proyectos:** Los autónomos a menudo tienen la oportunidad de trabajar en diversos proyectos y colaborar con diferentes clientes. Esto puede ser enriquecedor desde el punto de vista profesional, ya que te permite adquirir experiencia en diversas áreas y sectores.

7. **Riesgo y estabilidad:** Aunque trabajar como autónomo ofrece flexibilidad y control, también conlleva cierto nivel de riesgo financiero y laboral. Los ingresos pueden ser irregulares, lo que requiere una planificación financiera cuidadosa y la capacidad de manejar la incertidumbre.

8. **Networking y promoción personal:** Como autónomo, a menudo debes asumir el papel de promocionar tus servicios y crear una red de contactos. Esto puede implicar la participación en eventos de networking, la creación de una presencia en línea sólida y el establecimiento de relaciones con otros profesionales y clientes potenciales.

En resumen, trabajar como autónomo ofrece libertad, flexibilidad y la oportunidad de ser tu propio jefe. Sin embargo, también requiere una gestión diligente de aspectos financieros y administrativos, así como la capacidad de adaptarse a la naturaleza variable del trabajo y de asumir la responsabilidad de todas las áreas de tu negocio.

Ventajas:	Inconvenientes:
✓ Autonomía en la toma de decisiones	✗ Responsabilidad financiación
✓ Flexibilidad para la organización	✗ Responsabilidad administrativa
✓ Variedad de proyectos al mismo tiempo	✗ Fiscalidad alta
✓ Menos trámites y burocracia	✗ Riesgo económico (personal)
✓ Sin necesidad de capital social inicial	✗ Falta de estructura de trabajo

Como resumen, ser autónomo es una forma rápida de empezar la actividad empresarial, pero visto el gran riesgo económico y la falta de protección ante la fiscalidad, no es recomendable. No obstante, cabe destacar que te permite iniciar la actividad sin necesidad del capital social ni el coste de los trámites para abrir sociedades.

Nota: muy importante, hay que señalar que en España no está obligado a darte de alta como autónomo si no ingresas en un año más del salario mínimo interprofesional o SMI, que se sitúa alrededor de los 13.000€ anuales.

¿Qué es una comunidad de bienes o una sociedad civil?

Una comunidad de bienes o sociedad civil es una forma de asociación entre dos o más personas que se unen con el propósito de llevar a cabo una actividad económica en común, con el objetivo de obtener beneficios. A diferencia de las sociedades mercantiles, como las sociedades anónimas (S.A.) o las sociedades de responsabilidad limitada (S.L.), las comunidades de bienes y las sociedades civiles no tienen personalidad jurídica propia, lo que significa que sus integrantes son directamente responsables y tienen una identidad legal separada.

Aquí hay algunas características clave de las comunidades de bienes y las sociedades civiles:

1. **Número de socios:** Pueden estar formadas por dos o más personas, que se conocen como "comuneros" o "socios". Cada uno de estos socios contribuye en función de su aportación al negocio.

2. **Personalidad jurídica:** A diferencia de las sociedades mercantiles, las comunidades de bienes y las sociedades civiles no tienen personalidad jurídica independiente. Esto significa que no se consideran entidades legales separadas de los socios que la componen.

3. **Responsabilidad:** Los socios son solidariamente responsables de las deudas y obligaciones de la comunidad de bienes o sociedad civil. Esto significa que, si la entidad no puede cumplir con sus obligaciones, los socios responderán con sus activos personales.

4. **Gestión y administración:** La gestión y administración de una comunidad de bienes o sociedad civil suele ser acordada entre los socios y se basa en el principio de igualdad. Las decisiones importantes deben ser tomadas de manera conjunta y se basan en el acuerdo entre los socios.

5. **Régimen fiscal:** Por lo general, las comunidades de bienes y las sociedades civiles tributan en el Impuesto sobre la Renta de las Personas Físicas (IRPF) en función de la parte de beneficios correspondiente a cada socio, aunque la tributación puede variar según la legislación fiscal de cada país.

6. **Duración:** Las comunidades de bienes y las sociedades civiles pueden tener una duración determinada o indefinida, según lo acordado entre los socios al establecer la asociación

7. **Objetivo económico:** Las comunidades de bienes y las sociedades civiles se establecen con el objetivo de llevar a cabo actividades económicas, como la explotación de un negocio o la realización de proyectos específicos.

Es importante tener en cuenta que las regulaciones y requisitos para las comunidades de bienes y las sociedades civiles pueden variar según el país y la jurisdicción. Antes de formar una comunidad de bienes o sociedad civil, es aconsejable buscar asesoramiento legal y fiscal para comprender las implicaciones y responsabilidades asociadas.

Ventajas:	Inconvenientes:
✓ Constitución y disolución fácil	✗ Falta de personalidad jurídica
✓ Más barata que una sociedad	✗ Limitación de recursos financieros
✓ Actividad compartida entre los socios	✗ Posible discrepancias entre los socios
✓ En algunos casos, menos carga fiscal	✗ Riesgo económico (personal)
✓ Sin necesidad de capital social inicial	✗ Durabilidad delimitada por los socios

La comunidad de bienes o sociedad civil es muy buena opción cuando hay varios socios y no se quiere hacer un desembolso grande. Además, esta opción es muy recomendable para proyectos cortos, si se tiene la intención de iniciar un proyecto de larga duración la comunidad de bienes no es lo más aconsejable.

¿Qué es una sociedad de responsabilidad limitada o SL?

Una sociedad de responsabilidad limitada (SRL), también conocida como compañía de responsabilidad limitada o LLC (por sus siglas en inglés, Limited Liability Company), es una forma de entidad empresarial que combina características de las sociedades mercantiles con ventajas de protección de responsabilidad personal de los socios similares a las de una corporación. La SRL es una estructura legal muy popular en muchas jurisdicciones debido a su flexibilidad y protección.

Aquí están algunas características clave de una sociedad de responsabilidad limitada:

1. **Responsabilidad limitada:** Una de las principales ventajas de una SRL es que los socios tienen una responsabilidad limitada. Esto significa que su responsabilidad por las deudas y obligaciones de la empresa está limitada a su inversión en la empresa. Los activos personales de los socios generalmente no están en riesgo en caso de que la empresa enfrente problemas financieros o legales.

2. **Personalidad jurídica independiente:** A diferencia de las comunidades de bienes o sociedades civiles, una SRL tiene personalidad jurídica independiente. Esto significa que la empresa es considerada una entidad legal separada de sus socios,

lo que facilita la realización de transacciones comerciales, la firma de contratos y la adquisición de activos.

3. **Número de socios:** Una SRL puede tener uno o más socios, dependiendo de la legislación de cada país. Los socios pueden ser personas naturales o entidades legales.

4. **Flexibilidad en la gestión:** En la mayoría de las SRL, la gestión se puede estructurar de manera flexible. Los socios pueden designar a gerentes para que manejen las operaciones diarias o pueden participar directamente en la toma de decisiones y la gestión.

5. **Tratamiento fiscal:** Las SRLs a menudo tienen flexibilidad en su tratamiento fiscal. Pueden optar por tributar como una entidad separada o como una entidad "pasante", en la que los beneficios y pérdidas se atribuyen directamente a los socios y se informan en sus declaraciones de impuestos personales.

6. **Transferibilidad de participaciones:** En la mayoría de las SRL, las participaciones de los socios se pueden transferir a otras partes de manera relativamente sencilla, lo que brinda cierta liquidez y flexibilidad.

7. **Continuidad empresarial:** Las SRLs pueden ser más duraderas que las empresas individuales, ya que la estructura de la empresa no depende únicamente de la vida de los socios.

8. **Cambio de propiedad:** El cambio de propiedad en una SRL generalmente es más sencillo que en otras formas de entidades empresariales, ya que no se requiere una transferencia formal de acciones.

Es importante destacar que las leyes y regulaciones que rigen las SRL varían según el país y la jurisdicción. Antes de establecer una sociedad de responsabilidad limitada, es esencial consultar con un asesor legal o fiscal para comprender los requisitos específicos y asegurarse de que esta estructura sea adecuada para tus necesidades y objetivos empresariales.

Ventajas:

- Responsabilidad limitada a la sociedad
- Estructuración del órgano decisor
- Facilidad en transacciones de la empresa
- Facilidad para el traspaso de la propiedad
- Tratamiento fiscal flexible
- Vida de la empresa no ligada a los socios

Inconvenientes:

- ✕ Requisitos legales y administrativos
- ✕ Costes iniciales y capital social
- ✕ Limitaciones en la estructura de capital

La sociedad de responsabilidad limitada es una gran opción para emprender un negocio de forma segura sin poner en riesgo los activos personales, de una forma más o menos económica y estableciendo una estructura sólida y duradera en el tiempo. Si los recursos lo permiten, esta es la forma jurídica más recomendable.

¿Qué es una sociedad anónima o SA?

Una sociedad anónima (S.A.) es una forma de entidad empresarial que se caracteriza por su estructura de propiedad compartida a través de la emisión de acciones o participaciones que representan la inversión de los accionistas en la empresa. La principal particularidad de una sociedad anónima es que sus accionistas tienen responsabilidad limitada, lo que significa que no son personalmente responsables de las deudas y obligaciones de la empresa más allá de su inversión en acciones.

Aquí te presento algunas características clave de una sociedad anónima:

1. **Acciones y accionistas:** La propiedad de una sociedad anónima se divide en acciones. Los accionistas son los propietarios de estas acciones y tienen derechos proporcionales en la empresa, incluyendo participación en las ganancias y el derecho a voto en asambleas generales.
2. **Responsabilidad limitada:** Los accionistas tienen responsabilidad limitada por las deudas y obligaciones de la empresa. Su responsabilidad se limita al monto que han invertido en acciones.
3. **Personalidad jurídica independiente:** Una sociedad anónima tiene personalidad jurídica independiente de sus accionistas. Esto significa que se considera una entidad legal separada que puede

realizar transacciones comerciales, celebrar contratos y adquirir activos en su propio nombre.

4. **Capital social:** El capital social de una sociedad anónima se compone del valor total de las acciones emitidas. Puede dividirse en acciones de diferentes clases con derechos y privilegios específicos.

5. **Gobierno corporativo:** Las sociedades anónimas suelen tener una estructura de gobierno corporativo que incluye una junta directiva y ejecutivos que supervisan las operaciones y la toma de decisiones de la empresa.

6. **Transparencia:** Las sociedades anónimas a menudo deben cumplir con requisitos de divulgación y presentar informes financieros públicos, lo que brinda transparencia a los accionistas y al público.

7. **Transferibilidad de acciones:** Las acciones de una sociedad anónima son generalmente transferibles, lo que significa que los accionistas pueden comprar o vender sus acciones en el mercado secundario.

8. **Durabilidad:** Una sociedad anónima puede existir más allá de la vida de sus accionistas originales, lo que proporciona cierta continuidad empresarial.

9. **Obtención de financiamiento:** Las sociedades anónimas pueden emitir nuevas acciones para obtener financiamiento y capital de inversionistas, lo que les permite financiar proyectos y crecimiento.

Es importante tener en cuenta que las sociedades anónimas están sujetas a regulaciones legales y requisitos específicos en diferentes jurisdicciones. Antes de establecer una sociedad anónima, es fundamental consultar con un asesor legal o fiscal para comprender los procedimientos, requisitos y obligaciones relacionadas con esta forma de entidad empresarial.

Ventajas:	Inconvenientes:
✓ Responsabilidad limitada a la sociedad	✗ Requisitos legales y administrativos
✓ Acceso a capital con las acciones	✗ Costes iniciales y capital social altos
✓ Facilidad en transacciones de la empresa	✗ Gobierno corporativo complejo
✓ Facilidad para el traspaso de la propiedad	✗ Dilución del control para tomar decisiones
✓ Tratamiento fiscal flexible	✗ Conflicto de intereses entre stakeholders
✓ Vida de la empresa no ligada a los socios	✗ Responsabilidad legal de los directores

Definitivamente esta es la forma de sociedad y empresarial más compleja, por lo que no es recomendable para iniciar un negocio. Esta forma jurídica es recomendable para grandes empresa y multinacionales que quieren salir a bolsa.

Después de repasar las diferentes formas de abrir una empresa, la más equilibrada es la sociedad de responsabilidad limitada o SL después de comparar las diferentes formas. Para repasar, la SL te permite tener una responsabilidad social limitada no sujeta a los bienes de los socios, te permite realizar transacciones a nombre de la empresa, te permite tener accedo a capital, tener un cuadro de mando estructurado definiendo las diferentes tareas y te permite traspasar la empresa a través de la venta de participaciones.

1.3.- ¿Es necesario realizar un pacto de socios?

Si tienes pensado abrir una empresa o emprender con más personas o socios además de ti mismo, confecciona sí o sí un pacto de socios. Incluso si vas a emprender con amigos o familiares siempre es recomendable confeccionar un pacto para cubrirse ante cualquier imprevisto.

Un pacto de socios es necesario cuando vas a emprender o montar un negocio con más de un socio. Si eres autónomo no hace falta realizar un pacto de socios, y en el caso de que haya más de uno, es recomendable de cambiar de forma turística y realizar el pacto de socios.

Un pacto de socios es un acuerdo formal y detallado entre los socios de una empresa que establece los términos y condiciones de su colaboración, la toma de decisiones, la asignación de responsabilidades y los mecanismos para resolver conflictos. Este pacto define las reglas del juego dentro de la empresa, abordando aspectos como la distribución de ganancias, la gestión operativa, la entrada o salida de socios, y otros aspectos cruciales para garantizar la eficacia y estabilidad de la empresa a lo largo del tiempo. Su objetivo principal es evitar malentendidos y disputas entre los socios al proporcionar un marco claro y consensuado para la operación y el crecimiento del negocio.

Para confeccionar un pacto de socios se deben tener unos cuantos puntos en cuenta:

Conoce bien a los socios con los que emprendes

Antes de asociarte, tienes que saber que pueden aportar tus socios a la empresa. No es recomendable que todos los socios tengan el mismo perfil o conocimientos y no se diversifique las aportaciones de trabajo que puede hacer cada uno de ellos. También no es recomendable tener socios que no puedan aportar ningún conocimiento a la empresa debido a que cuando se busque financiación externa, los inversores van a apostar por los perfiles de los socios y no van a estar dispuestos a invertir con una estructura de socios donde haya algunos que no aporten nada.

La importancia de este punto es encontrar unos socios responsables que aporten diferentes perfiles al tuyo a la empresa y que sean diligentes en el trabajo. No es tanto la importancia a la relación a nivel personal (que obviamente, mejor si es buena), si no la relación a nivel laboral. En resumen, escoge con mucho cuidado con los socios que emprendes, que tengáis buen rollo entre vosotros, aporte un perfil diferente a la empresa y crea una base de confianza y honestidad después de que debatáis las condiciones que se quiere incluir en el pacto de socios.

Establece los procesos de entrada en la empresa

En un futuro, es posible que haya nuevos socios o inversores que quieran entrar en la empresa. Para esto se debe establecer los procedimientos para la entrada, las participaciones que recibirá según el importe de capital aportado o según la capacidad de trabajo que aporte. Esta aportación también puede ser con bienes no dinerarios. También es importante establecer el porcentaje de participaciones a favor para que entre un nuevo socio o inversor.

En caso de no designar ninguno, siempre será por mayoría absoluta, es decir, el 51% o más participaciones a favor. Este apartado no es tan prioritario en las fases primarias de la empresa, se deben tener en cuenta en un futuro y siempre se pueden aprobar cuando sea necesario que un nuevo socio entre en la empresa.

Justo reparto de las participaciones de los socios según el trabajo y capital aportado

Este es uno de los puntos más importantes a decidir, como se repartirán las participaciones y como se basa el sistema de reparto. Lo primero que hay que señalar que los socios son libres de repartir las participaciones como crean convenientes. No obstante, un reparto justo evitará futuros problemas con las aportaciones de cada uno, si no pueden verse en un futuro tensiones por considerar que el reparto está perjudicando y beneficiando a un socio más que a otro. Para hacer un reparto justo sería conveniente partir de la base un capital igualitario para todos los socios (ej. que cada uno ponga 2.000€) y después establecer las actividades de cada uno. Para hacerlo bien habría que hacer un cálculo aproximado de las horas de trabajo que aportará cada uno semanalmente y el que tenga más carga de trabajo tenga más participaciones.

Ejemplo: Acordamos que el 50% de las participaciones se reparten por el dinero aportado, si somos 2 socios y cada 1 pone 2.000€, tenemos 25% cada uno. Ahora queda el otro 50% que repartimos según las horas aportadas, si uno puede aportar 20h a la semana y otro 30h, proporcionalmente hablando el que puede aportar 30h se llevaría un 30% y el que aporta 20h un 20% (estas son cifras simplificadas y fáciles, si las horas cambian se calcula la parte proporcional).

Nota: es recomendable que si sois 2 socios no se reparte las participaciones 50-50% debido a que esto puede provocar futuros bloqueos en la empresa por discrepancias entre los dos socios, mínimo que sea 49-51% y para proteger al que tiene el 49% se añada una cláusula que para las decisiones importantes hace falta más participaciones.

Figura representativa o administrativa y de accionistas en la empresa

Cuando se da de alta la sociedad limitada, hay que poner mínimo un administrados que sea el que firme y represente a la empresa. Esta figura administrativa será la que realice el alta de autónomo societario y el que realizará la labor más representativa de la misma. Se pueden poner 1 o más administradores, y en el caso de varios se puede elegir que para las gestiones deban firmar todos los administradores o solo con uno de ellos es suficiente. No se explica las diferentes figuras administrativas porque lo ideal es que se de 1 administrador de alta por dos motivos:

- El primero, es que facilita las gestiones al tener solo que firmar y personificarse un administrador único.
- Segundo, es más barato para la empresa mantener una cuota de autónomo que varias a la vez.

Sabiendo esto, los socios se tienen que poner de acuerdo para seleccionar al administrador según sus capacidades de gestión de la empresa y disponibilidad para acudir presencialmente a todos los trámites que sean necesarios.

La segunda figura es el presidente de la junta de socios. La responsabilidad de esta figura es convocar las juntas societarias, ordenar y comunicar los puntos del día a tratar presidiendo la junta y levantar acta de todas las reuniones que se convoque a la junta de socios.

Control financiero de la empresa

Lo ideal es que el administrador de la empresa sea el que tenga el control (refiriéndose a que le haga un seguimiento exhausto) financiero. Es decir, una persona debe controlar todas las salidas y entradas de capital que tiene la empresa. Obviamente, puede ser que el administrador no tenga los conocimientos y las capacidades para poder desempeñar esta tarea contable, por lo que otra persona debería ocupar este lugar si tiene mejores dotes contables.

Igualmente, llevar la contabilidad como requiere Hacienda para poder realizar bien las liquidaciones del IVA y los cierres anuales de contabilidad, si no está formado en ellos, lo mejor es contratar una gestoría que realice la tramitación de la contabilidad por ti.

La gestoría Niobe Asesores realizan todas las tareas administrativas de la empresa por un precio mensual asequible de 85€ al mes (sin IVA), sin ningún coste adicional, solo el coste de generar el documento contable de las cuentas anuales que cuesta 150€ (sin IVA), pago único cada año.

Esta figura es más burocrática que otra cosa, pero viene bien que los socios seleccionen a una persona responsable y ordenada para este puesto, ya que conforme crezca la compañía esta figura podrá ir adquiriendo más relevancia.

Estructura de tareas o trabajos de cada socio

En el documento hay que dejar muy claro la función de cada socio. Esto plasmarlo en el pacto es muy sencillo, se destina una sección donde se exponga claramente las tareas que va a desempeñar cada socio.

Lo difícil de esto es que hay que ponerse de acuerdo entre los socios para saber qué actividad y cuantas horas va a destinar cada uno. La recomendación es que se sienten los socios detenidamente, estudien los perfiles de cada uno y a partir de esto se establezcan las funciones de cada uno, teniendo en cuenta la cantidad de tiempo que tenga cada socio para aportar en la empresa.

Establecer los pasos de extinción de la empresa

Siempre hay que tener un plan para proceder en caso de querer cerrar o deshacerte de la empresa por cualquier cosa que pueda salir mal. Se puede llevar a cabo varias opciones para cesar la actividad de la empresa por si uno o varios socios quieren abandonar la empresa. Lo primero que, salvo acuerdo o fuerza mayor, los socios deberán estar dentro de la empresa lo que se haya estipulado en el pacto de socios.

La primera opción es la venta de la mayoría o totalmente de la empresa a un tercero externo. Para esto hay que buscar compradores externos que quieran adquirir la empresa. Para esto se pueden utilizar plataformas como Deale que se encargan de poner en contacto en posibles compradores o inversores con startups. Para esto hay que presentar una serie de datos financieros para que se pueda poner un valor económico y se puedan recibir ofertas. Los pasos a seguir serían:

1. Preparación y planificación: Evalúa tus motivos para vender la sociedad limitada y asegúrate de que es la decisión adecuada. Considera si deseas vender la totalidad de la sociedad o solo una parte de las acciones/acciones.
2. Valoración y due diligence: Evalúa el valor de la sociedad limitada para determinar un precio de venta justo. Realiza una due diligence interna para identificar posibles problemas legales, financieros u operativos que podrían afectar la venta.
3. Busca compradores: Identifica posibles compradores, ya sean individuos, inversores o empresas interesadas en adquirir la sociedad limitada. Para buscar compradores puedes darte de alta en plataforma para vender empresas o buscar un tercero interesado en la venta.

4. Negociación de términos: Inicia negociaciones con los compradores interesados para acordar los términos de la venta, incluyendo el precio, la forma de pago, la fecha de cierre y otros detalles relevantes.
5. Elaboración de contratos: Una vez que se llegue a un acuerdo, colabora con abogados y profesionales para redactar un contrato de compraventa que detallará los términos acordados, garantías y condiciones.

6. Aprobaciones y consentimientos: Obtén las aprobaciones necesarias de los accionistas u órganos de gobierno, según lo exija la ley y los estatutos de la sociedad limitada.
7. Firma del contrato: Los compradores y vendedores firmarán el contrato de compraventa, comprometiéndose legalmente a cumplir con los términos acordados.
8. Pago y transferencia: Los compradores deberán pagar el precio acordado según los términos establecidos en el contrato. Se realizará la transferencia de acciones o participaciones a los nuevos propietarios, lo que puede requerir cambios en los registros legales y comerciales.
9. Notificación a las autoridades: Notifica a las autoridades pertinentes sobre el cambio de propiedad y realiza los trámites legales necesarios para actualizar los registros de la sociedad.
10. Cierre de la venta: Una vez que se haya completado el pago y la transferencia, la venta se considera cerrada y los nuevos propietarios asumirán el control de la sociedad limitada.

Es importante tener en cuenta que vender una sociedad limitada puede ser un proceso complejo que implica aspectos legales, financieros y administrativos. Se recomienda buscar el asesoramiento de profesionales, como abogados y contadores, para garantizar que todos los pasos se sigan adecuadamente y se cumplan las regulaciones y requisitos aplicables en tu jurisdicción.

La segunda es que alguno o varios socios quieran continuar la actividad y compren la parte de los que no quieren continuar. Para esto se puede tanto vender la parte del socio que no quiere continuar o buscar un comprador externo. En el caso de que sen los propios socios, será más fácil y ahorrará alguno de los pasos anteriores, siempre que se llegue a un acuerdo por ambas partes.

En el caso de que se quiera buscar una venta externa, se deberán seguir los pasos anteriores, solo que las participaciones en venta son solo las del socio que desea salir de la empresa.

La última, es el cese de la actividad con el cierre de la empresa. Para esta opción la empresa se cerrará y cesará la actividad comercial. Para esto habría que seguir los siguientes pasos:

1. Reunión de la junta general de socios: Convoca una junta general de socios para discutir y aprobar la disolución de la sociedad. Esta decisión generalmente requiere una mayoría específica de votos según los estatutos de la sociedad.

2. Nombramiento de liquidador/es: En la misma junta general de socios, se debe nombrar uno o varios liquidadores que serán responsables de llevar a cabo el proceso de liquidación de la sociedad. Si es una startup pequeña, lo normal es que los propios socios fundadores se encarguen de la disolución.

3. Liquidación de activos y pasivos: Los liquidadores proceden a liquidar los activos de la sociedad, cobrar las deudas pendientes y liquidar las obligaciones pendientes, incluyendo el pago de impuestos y deudas a proveedores.

4. Elaboración del balance final: Los liquidadores preparan un balance final que muestra los activos y pasivos de la sociedad después de la liquidación. Este balance se presenta a los socios para su aprobación. La recomendación es que una agencia de gestoría lleve a cabo la elaboración del balance de disolución.

5. Aprobación del balance final: Convoca una junta general de socios para aprobar el balance final de liquidación. Se necesita la aprobación de los socios para finalizar el proceso de liquidación.

6. Cancelación de inscripciones: Una vez aprobado el balance final, los liquidadores proceden a cancelar las inscripciones en el Registro Mercantil y otros registros públicos. Para esto se procede a presentar ante notario la escritura de disolución para presentarla posteriormente.

7. Declaración de disolución: Presenta una declaración de disolución ante el Registro Mercantil. Esta declaración debe incluir información sobre la decisión de disolver la sociedad, el nombramiento de liquidadores y el balance final.

8. Liquidación de impuestos: Asegúrate de liquidar todos los impuestos pendientes con la Agencia Tributaria y cumplir con todas las obligaciones fiscales de la sociedad.

9. Extinción de la sociedad: Una vez completados todos los pasos anteriores y cumplidos los requisitos legales, la sociedad se considera extinguida y se cancela su inscripción en el Registro Mercantil.

10. Comunicación a acreedores y terceros: Comunica la disolución y extinción de la sociedad a los acreedores y terceros involucrados en la actividad de la sociedad.

Es importante tener en cuenta que este proceso puede variar en función de las circunstancias y la jurisdicción, por lo que se recomienda obtener asesoramiento legal y contable específico para asegurarte de cumplir con todos los requisitos y regulaciones pertinentes.

Protección del talento y de la propiedad intelectual de la empresa

Para finalizar hay que tener en cuenta el know-how, el conocimiento y los procedimientos que diferencian a la empresa. Es muy importante saber que este tipo de información es la que puede hacer que tu empresa se diferencia, por lo que hay que proteger estos activos.

Aunque, en el siguiente punto veremos procedimientos legales para proteger estos intangibles, se debe incluir cláusulas en el pacto de socios por lo que los procesos y secretos empresariales sean confidenciales y pertenezcan a la empresa y no a los socios. Esto sirve para evitar que, si un socio se va, la empresa pueda continuar independientemente si el socio quiere o no traspasar los conocimientos. Además, evitamos posibles fugas y venta de secretos a la competencia.

Otro aspecto para tener en cuenta es el talento personal de los recursos de la empresa. Obviamente, es complicado retener el talento personal, si la propia persona no quiere continuar, pero es muy recomendable poner una duración mínimo de implicación de cada socio en la empresa y una cláusula para que traspase el conocimiento en medida de lo posible, si desea no continuar con la empresa.

Una vez visto todos los aspectos a tener en cuenta en un pacto de socios, es hora de redactar el de tu empresa. Obviamente, el pacto se puede personalizar como cada uno quiera y, además, si quieres que se quede un pacto más profesional, siempre puedes contratar a una empresa legal para que lo redacte.

Nota: recordar que el pacto de socios es recomendable firmar todas las hojas en su lateral, además, de la última en el hueco de las firmas.

1.4.- ¿Qué mecanismos tengo para proteger los intangibles de mi empresa?

Para una empresa es muy importante proteger los intangibles que la hacen que te diferencies de la competencia. En un mercado cada vez más competitivo, es muy importante tener estos intangibles protegidos en el mayor tiempo posible. Para esto existen diferentes herramientas según el intangible a proteger.

Registro de marca

El registro de marca en España se refiere al proceso legal mediante el cual una empresa o individuo protege su marca registrándola en la Oficina Española de Patentes y Marcas (OEPM). Una marca es un signo distintivo que se utiliza para identificar los productos o servicios de una empresa y diferenciarlos de los de otras empresas. Puede ser un nombre, logotipo, eslogan, combinación de colores, sonido, forma tridimensional u otros elementos que permitan la identificación.

El registro de marca en España ofrece una serie de beneficios y protecciones, entre los que se incluyen:

1. Protección exclusiva: Al registrar una marca, se obtiene el derecho exclusivo de uso en relación con los productos o servicios que se han identificado en la solicitud de registro.

2. Defensa legal: En caso de que alguien intente utilizar una marca similar o idéntica en relación con productos o servicios similares,

el titular del registro de marca tiene derecho a defender su marca legalmente.

3. Valor comercial: Una marca registrada puede aumentar el valor comercial de una empresa, ya que se convierte en un activo intangible que puede ser transferido, licenciado o utilizado como garantía.

4. Reconocimiento: Las marcas registradas pueden ayudar a construir y mantener el reconocimiento y la reputación de una empresa en el mercado.

5. Diferenciación: Una marca registrada permite diferenciar los productos y servicios de una empresa de los de la competencia, lo que facilita la elección de los consumidores.

El proceso de registro de marca en España suele incluir los siguientes pasos:

1. Búsqueda de disponibilidad: Antes de presentar la solicitud, es recomendable realizar una búsqueda para asegurarse de que la marca propuesta no esté ya registrada por otra empresa.

2. Presentación de la solicitud: Se presenta una solicitud de registro de marca ante la OEPM, incluyendo información sobre la marca y los productos o servicios relacionados.

3. Examen de la solicitud: La OEPM examina la solicitud para verificar si cumple con los requisitos formales y si la marca es distintiva y no está prohibida.

4. Publicación: Si la OEPM aprueba la solicitud, se publica en el Boletín Oficial de la Propiedad Industrial (BOPI) para permitir que terceros presenten oposiciones.

5. Oposiciones: Si algún tercero considera que la marca propuesta afecta sus derechos, puede presentar una oposición durante un período determinado.

6. Registro: Si no hay oposiciones exitosas y la OEPM está satisfecha con la solicitud, la marca se registra y el titular recibe un certificado de registro.

El registro de marca en España tiene un período de validez de 10 años y se puede renovar indefinidamente cada 10 años. Para obtener protección efectiva, se recomienda consultar a un profesional legal o a un agente de propiedad industrial antes de iniciar el proceso de registro.

Diseños industriales

Un diseño industrial se refiere a la apariencia visual y estética de un producto, que puede ser determinada por sus características ornamentales, como la forma, el color, la textura o la ornamentación. Un diseño industrial busca mejorar la estética y la funcionalidad de un objeto y puede aplicarse a una amplia variedad de productos, desde muebles y electrodomésticos hasta envases y productos textiles.

En España, para obtener protección legal para un diseño industrial, puedes seguir estos pasos:

1. Determina si tu diseño es elegible: Asegúrate de que tu diseño cumple con los requisitos de originalidad y novedad necesarios para ser protegido como diseño industrial.
2. Búsqueda de antecedentes: Realiza una búsqueda en las bases de datos para verificar si existen diseños similares ya registrados. Esto te ayudará a determinar la novedad de tu diseño.
3. Prepara la documentación: Reúne toda la información y documentación necesaria, incluyendo dibujos, planos y descripciones detalladas de tu diseño.
4. Solicitud de registro: Presenta una solicitud de registro de diseño industrial ante la Oficina Española de Patentes y Marcas (OEPM). La solicitud debe incluir los dibujos o imágenes del diseño, una descripción detallada y otros datos requeridos.
5. Examen de la solicitud: La OEPM examinará tu solicitud para verificar si cumple con los requisitos formales y si el diseño es novedoso y tiene carácter singular.
6. Publicación: Si la solicitud es aceptada, se publicará en el Boletín Oficial de la Propiedad Industrial (BOPI) durante un período determinado para permitir que terceros presenten oposiciones.

7. Oposiciones: Si alguien presenta una oposición válida, se llevará a cabo un proceso de resolución de disputas. Si no hay oposiciones exitosas, el diseño será registrado.

8. Registro y protección: Una vez registrado, tu diseño estará protegido durante cinco años a partir de la fecha de presentación. Puedes renovar la protección por periodos adicionales de cinco años hasta un máximo de 25 años.

9. Defensa legal: En caso de que alguien copie o utilice tu diseño sin permiso, tienes derecho a emprender acciones legales para proteger tus derechos.

Es importante tener en cuenta que el proceso de registro y protección de diseños industriales puede variar según las circunstancias y las regulaciones específicas. Se recomienda obtener asesoramiento legal o consultar a un profesional en propiedad industrial para asegurarte de que tu diseño esté debidamente protegido y cumplir con los requisitos legales.

Patentes y modelos de utilidad

Una patente y un modelo de utilidad son formas de protección legal otorgadas a las invenciones para asegurar los derechos exclusivos sobre su uso y comercialización. En España, ambos son instrumentos para fomentar la innovación al otorgar derechos exclusivos a los inventores durante un período determinado.

- Patente: Una patente es un derecho exclusivo otorgado a una invención que es nueva, involucra una actividad inventiva y es susceptible de aplicación industrial. Las patentes pueden ser para productos (invenciones de productos) o para procesos (invenciones de procedimientos). Proporcionan un alto nivel de protección y son válidas por 20 años a partir de la fecha de presentación.

- Modelo de utilidad: Un modelo de utilidad es similar a una patente, pero requiere un nivel menor de innovación. Puede proteger invenciones que proporcionen una mejora funcional a un objeto ya existente, siempre y cuando sea nueva y tenga aplicabilidad industrial. Los modelos de utilidad tienen una duración de 10 años a partir de la fecha de presentación.

Aquí están los pasos generales para obtener una patente o un modelo de utilidad en España:

1. Investigación y documentación: Investiga para asegurarte de que tu invención es nueva y no está cubierta por patentes o modelos de utilidad existentes. Documenta todos los detalles relevantes de la invención.

2. Búsqueda de antecedentes: Realiza una búsqueda exhaustiva en las bases de datos de patentes para verificar si existen invenciones similares ya registradas.

3. Preparación de la solicitud: Prepara una solicitud de patente o modelo de utilidad que incluya una descripción completa y detallada de la invención, así como dibujos o diagramas si son necesarios.

4. Presentación de la solicitud: Presenta la solicitud ante la Oficina Española de Patentes y Marcas (OEPM). Asegúrate de cumplir con todos los requisitos de formato y contenido.

5. Examen de la solicitud: La OEPM examinará tu solicitud para verificar si cumple con los requisitos formales y si la invención es nueva, involucra actividad inventiva y es susceptible de aplicación industrial.

6. Publicación y período de oposición: Si tu solicitud es aceptada, se publicará en el Boletín Oficial de la Propiedad Industrial (BOPI) durante un período determinado para permitir que terceros presenten oposiciones si consideran que la invención no cumple con los requisitos.

7. Oposiciones y resolución: Si se presentan oposiciones válidas, se llevará a cabo un proceso de resolución de disputas. Si no hay oposiciones exitosas, se procederá con el proceso de concesión.

8. Concesión y registro: Una vez que se superen todos los obstáculos, la OEPM concederá la patente o el modelo de utilidad y se procederá a su registro.

Es importante tener en cuenta que el proceso de obtención de una patente o modelo de utilidad puede ser complejo y requerir asesoramiento legal y técnico. Consulta con profesionales en propiedad industrial para asegurarte de cumplir con los requisitos y proteger adecuadamente tu invención.

Derechos de autor y copyright

Los derechos de autor, también conocidos como copyright en inglés, son un conjunto de derechos legales que se otorgan a los creadores de obras literarias, artísticas, musicales y otras expresiones originales. Estos derechos permiten al autor controlar cómo se utilizan y distribuyen sus obras, así como beneficiarse económicamente de su uso. Los derechos de autor protegen una amplia gama de creaciones, como libros, música, películas, obras de arte, fotografías, software y mucho más.

En España, los derechos de autor están regulados por la Ley de Propiedad Intelectual. Aquí están los pasos generales para obtener protección de derechos de autor en España:

1. Crear una obra original: Para tener derechos de autor sobre una obra, primero debes crear una expresión original y tangible de tu creatividad. Esto puede incluir escribir un libro, componer una canción, crear una pintura, diseñar un logotipo, etc.

2. No es necesario registro: En España y en la mayoría de los países, los derechos de autor se otorgan automáticamente en el momento en que se crea la obra original y se fija en un medio tangible. No es necesario registrar la obra para que tenga protección de derechos de autor.

3. Identificar al autor: Asegúrate de que tu obra lleve tu nombre o el nombre de la persona que la creó. Esto ayuda a identificar al autor y establecer la titularidad de los derechos.

4. Conservar evidencia de la creación: Mantén registros que demuestren la creación de la obra, como borradores, fechas de creación, correos electrónicos relacionados con la obra, etc.
5. Utiliza el símbolo de copyright: Si lo deseas, puedes usar el símbolo de copyright © seguido del año de creación y el nombre del autor para indicar que la obra está protegida por derechos de autor.
6. Registrar la obra (opcional): Aunque no es necesario en términos de protección, puedes optar por registrar la obra en el Registro de la Propiedad Intelectual en España. Esto puede ser útil para probar la titularidad en caso de disputas legales.
7. Defensa de los derechos: Si alguien infringe tus derechos de autor al utilizar tu obra sin permiso, tienes derecho a emprender acciones legales para proteger tus derechos y buscar compensación por daños.

Es importante tener en cuenta que la duración de los derechos de autor puede variar según el tipo de obra y la jurisdicción. En España, en general, los derechos de autor duran toda la vida del autor y 70 años después de su muerte. Sin embargo, es recomendable consultar con un abogado especializado en propiedad intelectual para comprender completamente tus derechos y las formas adecuadas de proteger tus obras en función de tu situación específica.

Secretos empresariales

Los secretos empresariales, también conocidos como secretos comerciales o know-how, se refieren a la información confidencial y valiosa que una empresa mantiene oculta para obtener ventajas competitivas en el mercado. Esto puede incluir métodos de producción, fórmulas, estrategias de marketing, procesos técnicos, listas de clientes y cualquier otro conocimiento que le brinde a la empresa una posición única y valiosa en su industria. Los secretos empresariales no están protegidos por derechos de propiedad intelectual como patentes o derechos de autor, sino que se basan en el mantenimiento de la confidencialidad.

En España, no existe un registro formal para obtener protección de secretos empresariales, ya que se trata principalmente de mantener la información en secreto y establecer medidas de seguridad para su protección. Aquí están los pasos generales para mantener y proteger secretos empresariales:

1. Identificación y clasificación: Identifica los activos y la información que son cruciales para tu empresa y que deben mantenerse en secreto. Clasifica esta información en función de su importancia y nivel de confidencialidad.

2. Políticas internas: Establece políticas internas de protección de secretos empresariales, incluyendo quiénes tienen acceso a la información, cómo se almacena y se comparte, y cómo se manejan las situaciones en las que los empleados se van de la empresa.

3. Acuerdos de confidencialidad: Firma acuerdos de confidencialidad (NDA) con empleados, contratistas y terceros que accedan a la información confidencial de tu empresa. Estos acuerdos establecen las obligaciones de mantener la confidencialidad.

4. Seguridad física y digital: Implementa medidas de seguridad física y digital para proteger la información confidencial. Esto puede incluir acceso restringido a ciertas áreas, contraseñas seguras y sistemas de seguridad cibernética.

5. Formación y concienciación: Educa a tus empleados y colaboradores sobre la importancia de mantener la confidencialidad y las medidas específicas que deben tomar para proteger los secretos empresariales.

6. Control de acceso: Limita el acceso a la información confidencial solo a las personas que necesitan conocerla para realizar sus funciones.

7. Documentación: Documenta todos los procesos, procedimientos y medidas de seguridad implementadas para proteger los secretos empresariales. Esto puede ser útil en caso de litigios.

8. Monitoreo y revisión: Monitorea regularmente las medidas de seguridad y revisa las políticas para asegurarte de que sigan siendo efectivas y adecuadas para la protección de los secretos empresariales.

9. Acción legal en caso de infracción: Si sospechas que alguien ha robado o divulgado información confidencial de tu empresa, busca asesoramiento legal y toma medidas legales para proteger tus derechos.

Mantener los secretos empresariales es esencial para mantener la ventaja competitiva y el valor de tu empresa. Si bien no existe un registro formal, el cuidado y la diligencia en la protección de la información confidencial son fundamentales para preservar tus activos intangibles.

Protección del código fuente web

En España, no existe un registro específico para el código fuente de una página web como se hace con las patentes, marcas o derechos de autor. Sin embargo, puedes utilizar medidas legales y técnicas para proteger el código fuente y los elementos creativos de tu sitio web. Aquí hay algunas acciones que puedes considerar:

1. Derechos de autor: El código fuente de una página web puede estar protegido por derechos de autor como una obra literaria o artística. Cuando creas la página web, los derechos de autor se aplican automáticamente. Aunque no es necesario registrarlo, mantener registros de la creación, fechas y otros detalles puede ser útil en caso de disputas.

2. Aviso de derechos de autor: Coloca un aviso de derechos de autor en el pie de página o en una sección destacada de tu sitio web. Esto indica que la obra está protegida por derechos de autor y disuade a otros de usarla sin permiso.

3. Licencias de software: Si estás utilizando software de código abierto o de terceros en tu página web, asegúrate de cumplir con las licencias y requisitos establecidos por esos proyectos.

4. Contratos de trabajo y acuerdos de confidencialidad: Si contratas a programadores o diseñadores para desarrollar el sitio web, asegúrate de incluir cláusulas en los contratos que establezcan la titularidad y confidencialidad del código fuente y otros elementos creativos.

5. Medidas técnicas: Implementa medidas técnicas de seguridad para proteger el acceso al código fuente, como contraseñas y autenticación de dos factores, especialmente si compartes el código con terceros.

6. Actualizaciones regulares: Mantén tu código fuente actualizado y realiza revisiones periódicas para asegurarte de que no haya vulnerabilidades de seguridad o problemas legales.

7. Documentación detallada: Mantén registros detallados de las versiones y cambios en el código fuente, así como de las decisiones y acciones relacionadas con su desarrollo y gestión.

8. Asesoramiento legal: Si consideras que el código fuente es particularmente valioso o estás preocupado por su protección, consulta con un abogado especializado en propiedad intelectual y tecnología para obtener asesoramiento legal específico.

Aunque no hay un registro formal para el código fuente de una página web en España, estas acciones te ayudarán a proteger legalmente tu trabajo y a disuadir a terceros de utilizarlo sin permiso. Recuerda que las regulaciones pueden variar y es recomendable obtener asesoramiento legal para asegurarte de que estás tomando las medidas adecuadas según tu situación específica.

1.5.- ¿Qué es la protección de datos y cómo me ajusto a la RGDP?

La RGPD (Reglamento General de Protección de Datos) es una regulación de la Unión Europea que establece las normas para el procesamiento y protección de datos personales de individuos dentro de la Unión Europea. En España, la RGPD es aplicable a través de la Ley Orgánica de Protección de Datos Personales y garantía de los derechos digitales (LOPDGDD), que adapta y complementa los aspectos específicos de la RGPD en el ámbito español.

Las empresas y organizaciones que manejan datos personales están sujetas a las obligaciones de la RGPD. Algunas de las principales obligaciones incluyen:

1. Consentimiento informado: Las empresas deben obtener el consentimiento informado y claro de los individuos antes de recopilar, procesar o almacenar sus datos personales. Este consentimiento debe ser libremente otorgado, específico, informado y revocable en cualquier momento.

2. Transparencia: Las empresas deben proporcionar información clara y comprensible sobre cómo se utilizarán los datos personales, incluyendo el propósito del procesamiento, las categorías de datos recopilados y los derechos de los individuos.

3. Derechos de los individuos: Los individuos tienen derechos, como el derecho de acceso, rectificación, supresión, limitación y portabilidad de sus datos personales. Las empresas deben permitir que los individuos ejerzan estos derechos y responder a sus solicitudes en un plazo específico.

4. Seguridad de datos: Las empresas deben implementar medidas técnicas y organizativas adecuadas para proteger los datos personales contra el acceso no autorizado, la pérdida, el robo o la divulgación.

5. Evaluación de impacto de protección de datos (EIPD): En ciertos casos, las empresas deben realizar una EIPD para evaluar los riesgos y las implicaciones para la privacidad de los individuos antes de llevar a cabo actividades de procesamiento que puedan tener un alto riesgo.

6. Notificación de violaciones de datos: Si ocurre una violación de seguridad que resulte en el acceso no autorizado a datos personales, las empresas deben notificar a la Autoridad de Protección de Datos y a los individuos afectados dentro de un plazo específico.

7. Responsable y encargado del tratamiento: Las empresas deben definir claramente quién es el responsable del tratamiento de los datos y quiénes son los encargados que procesan datos en su nombre. Deben establecer contratos con los encargados del tratamiento que cumplan con los requisitos de la RGPD.

8. Transferencias internacionales de datos: Si se transfieren datos personales fuera de la Unión Europea, las empresas deben garantizar que se tomen medidas adecuadas para proteger los datos en países que no tengan un nivel de protección equivalente.

9. Designación de un Delegado de Protección de Datos (DPD): Algunas empresas deben designar un DPD, un profesional encargado de supervisar el cumplimiento de la RGPD dentro de la organización.

Es importante que las empresas comprendan y cumplan con las obligaciones de la RGPD para proteger los derechos y la privacidad de los individuos. El incumplimiento puede resultar en sanciones significativas. Se recomienda consultar con profesionales legales especializados en protección de datos para garantizar un cumplimiento adecuado.

2.-Iniciando los trámites con la Cámara de Comercio

2.1.- ¿Cómo encuentro mi Cámara de Comercio regional?

En la propia web de la Cámara de Comercio de España puedes encontrar la que te corresponde regionalmente para que te apoye de manera gratuita en la apertura de tu empresa.

Solo tienes que poner en tu buscador "Cámara de Comercio España" y seguir los siguientes pasos desde que accedes a la web.

La Red de Cámaras de Comercio pone a tu disposición 180 puntos de atención, presentes en 41 países:

- 85 Cámaras de Comercio en España.

Consulta los datos de contacto y servicios de las Cámaras Territoriales. Si lo deseas puedes descargar la información en PDF.

Después de entrar a la web, tienes que hacer scroll y hacer clic en la parte que pone: ¿Cuál es mi cámara?

- 44 Cámaras de Comercio en el Exterior (CAMACOES) reguladas por el Real Decreto 1179/2020, de 29 de diciembre, por el que se establece el marco del reconocimiento oficial de las Cámaras de Comercio Españolas en el extranjero.

Puedes localizar cuál es tu Cámara de Comercio introduciendo tu código postal en el buscador situado a continuación.

Ahora tienes que poner el código postal de tu ciudad o vivienda donde domiciliarás la sede de tu empresa en el buscador y te aparecerá cuál es la cámara de comercio que te corresponde.

Después de localizar tu cámara, tienes que hacer clic en la web de la misma y buscar el correo electrónico de esta para ponerte en contacto con ellos.

2.2.- ¿Qué documentos son necesarios para dar de alta a mi empresa con la Cámara de Comercio?

Una vez que te hayas puesto en contacto con la cámara de comercio que te corresponde, te pedirán una serie de documentos para poder comenzar los trámites de dar de alta tu empresa (enviar todos los documentos juntos en una carpeta comprimida):

Original y fotocopia de los DNI o NIE de los socios

El documento más fácil, en teoría, son los documentos personales de todos los socios que van a tener participaciones de la empresa.

Se necesita enviar una fotocopia en PDF de ambas caras con el resto de la documentación para poder iniciar los trámites para dar de alta a tu empresa.

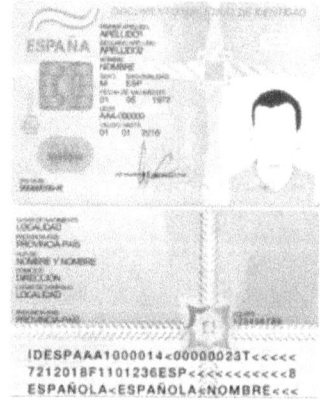

Número catastral del domicilio de los socios

El número catastral del domicilio es un código único asignado por el Catastro Inmobiliario, un registro público en España que identifica de manera precisa cada parcela, finca o inmueble. Este código alfanumérico se utiliza para identificar y geolocalizar de manera única y unívoca propiedades inmobiliarias, proporcionando información detallada sobre su ubicación, dimensiones, uso y valor catastral. El número catastral es esencial para la gestión tributaria y la información territorial, y es utilizado por diferentes entidades y administraciones para diversos fines, como el cálculo de impuestos y la planificación urbanística.

El número catastral que se necesita es el del domicilio donde está empadronado cada socio, por lo que se debe presentar tantos números catastrales como socios que tenga la empresa. Para obtener el número se debe seguir estos pasos:

1. Entrar en la web de la sede de catastro de España poniendo en el buscador "sede de catastro España".

2. Después vamos a buscar el número catastral por la calle y el número en el que vives.

3. Una vez seleccionado el modo de búsqueda hay que rellenar los datos para buscar la referencia (estos datos variarán dependiendo el tipo de vivienda que habites).

4. Una vez que hayas rellenado todos los datos que solicita la web, haz clic en el botón de "DATOS" y se generará la referencia catastral de tu domicilio.

5. Ese es el número que debes compartir con la cámara de comercio. Hay que buscar la referencia catastral para cada autónomo y se debe enviar en un documento Word o en el cuerpo del email con el resto de los documentos el número catastral de cada socio indicando a qué socio pertenece.

Número catastral del domicilio social de la empresa

Para dar de alta la empresa hay que seleccionar una sede social de la misma. Lo más sencillo es que se elija la casa de uno de los socios y así no hay que pagar ningún tipo de alquiler por la sede.

Una vez escogida la sede de la empresa solo hay que indicar la dirección de la misma y la referencia catastral cuando se envíen los documentos. Al ser la sede el domicilio de uno de los socios, los datos de la dirección y de la referencia catastral los tenemos del paso anterior.

No quiero poner como sede ningún domicilio de los socios, ¿qué opciones tengo?

También puede ser que no quieras domiciliar la sede de la empresa en tu domicilio familiar. Aunque es lo más recomendado ya que no requiere de ningún coste adicional y de ningún dato más.

No obstante, si por motivos de beneficios de autonómicos o bien porque quieras pones la sede en otro sitio hay una opción muy buena. Puedes poner la sede en una oficina de coworking contratando el servicio de oficina online virtual. La empresa Spaces ofrece este servicio desde unos 50€ al mes. Solo tienes que hacer clic en el enlace y podrá ponerte en contacto con ellos para gestionar el servicio de oficina virtual pudiendo domiciliar la empresa, recepcionar el correo y pudiendo utilizar el espacio coworking por un suplemento.

Señalamos esta opción debido a que sale mucho más barato que un servicio de coworking físico, pero si tienes suficiente capital siempre puedes contratar servicios de coworking físicos para poder asistir a trabajar con el resto de los socios. Además, muchas cámaras de comercio ofrecen espacios de coworking gratuitos, pero no te dejan domiciliar la sede de la empresa.

Número de la seguridad social de los socios

Para conseguir este dato es muy fácil si posees un documento de afiliación de la seguridad social por casa, de trabajos o por pedir el paro.

1. Igualmente, si no lo tienes es muy fácil obtenerlo accediendo a la vida laboral SMS. Una vez en la web hacemos clic en consultar vida laboral.

2. Después, hay que clicar en la opción de identificarse vía SMS.

3. A continuación, debes rellenar los datos que pide, DNI o NIE, fecha de nacimiento y número de teléfono ligado a la seguridad social. Después solo hay que hacer clic en entrar.

4. Cuando hayas hecho clic en entrar, se te redirige a una página donde te pide un código de 6 dígitos que te habrá llegado vía SMS al teléfono móvil que hayas indicado. Introduce el código y dale a entrar.

5. Una vez introducido el código llegarás a una página donde se detalla los diferentes puestos de trabajo que has ocupado. Haz scroll hasta el botón que indica descargar vida laboral y haz clic.

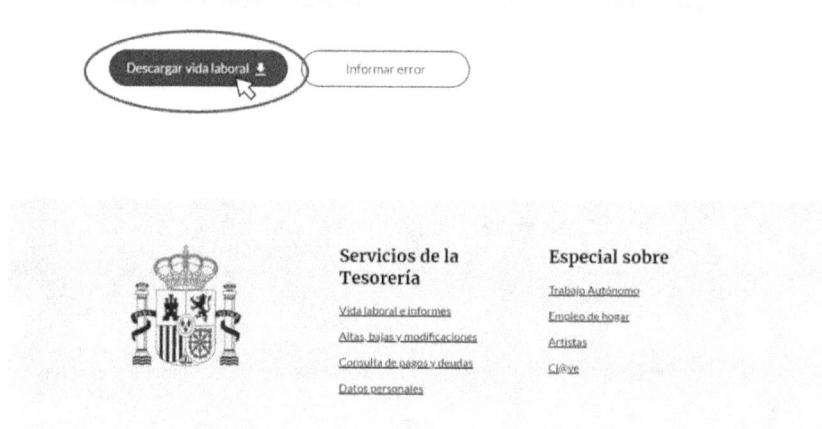

6. Una vez descargado el informe de la vida laboral podrá observar el número de la seguridad social que debes enviar para dar de alta a la empresa.

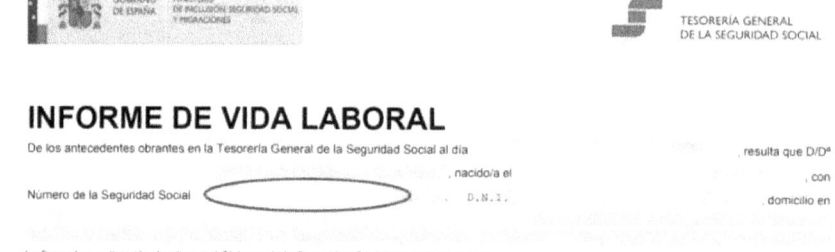

7. Después solo se tiene que repetir el proceso por cada socio y enviar los números sociales de cada uno junto al resto de la documentación.

Datos del cónyuge si se está casado

En el caso de encontrarse legalmente casado se deben aportar varios datos del cónyuge para formalizar la empresa. En general, se necesitará aportar el resto de la documentación anterior del cónyuge para poder dar de alta a la empresa.

Además, hay que presenta el régimen de matrimonio, y en el caso de que sea con separación de bienes hay que presentar las capitulaciones.

Cuenta bancaria para el pago del Registro Mercantil

Como a estas alturas aún no se ha creado la cuenta bancaria de la empresa, y aunque esté creada, no estará habilitada hasta dar de alta la empresa, es necesario dar un número de cuenta para poder proceder a los pagos del Registro Mercantil.

Lo normal es poner el número de cuenta bancaria de uno de los socios y que se cobren el alta en el registro mercantil. La cantidad a pagar por el registro ronda los 50€ y estos después se pueden descontar de la aportación que un socio debe realizar.

Elección del administrados de manera formal

Para poder conformar legalmente una empresa, esta debe elegir mínimo un administrador y dar a este de alta como autónomo societario.

Como se ha explicado en los conceptos previos, hay muchas formas de administrar una empresa, con uno o varios administradores y pudiendo elegir diferentes tipos de administradores. No obstante, lo recomendable para ahorrar el máximo capital posible es elegir un administrador único que se dé de alta como autónomo societario. Solo hay que indicar en el cuerpo del email o en un documento Word, quien será este socio que sea administrador.

Mandato de la seguridad social para el administrador

Una vez elegido qué socio será o qué socios serán administrador/es, el/los socios deben solicitar darse de alta como autónomos societarios.

Para esta solicitud solo hay que rellenar el documento que te proporcionará la Cámara de Comercio, y enviarlo con el resto de documentación. Los datos a rellenar son muy sencillos, ya que son los datos personales que ya has recabado de otros pasos.

Como puede haber algunos datos que no sepas que hay que poner, te indicamos como hay que rellenar el documento.

La primera duda que te puede surgir es saber qué tipo de solicitud hay que marcar. Es muy sencillo hay que marcar con una x la primera, alta en domiciliación.

Los siguientes datos son los personales del administrador.

En los datos bancarios hay que completarlos con la cuenta y los datos personales del administrador. Esto significa que la cuota de autónomo se cobrará a la cuenta personal del administrador.

Para finalizar esta primera parte, verás que hay dos huecos para firmar, solo tiene que firmar el administrados dos veces y ya.

Para terminar, hay que rellenar los datos siguientes. En sí la primera parte hay que replicar todos los datos personales y poner la misma cuenta bancaria que arriba.

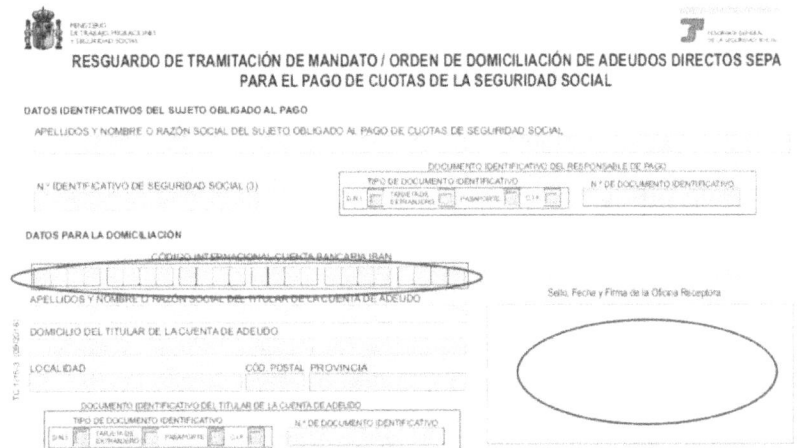

Una vez cumplimentado ya estaría listo para enviar con el resto de los documentos. Habría que rellenar un mandato por cada socio que fuera administrador, pero como hemos comentado antes, para ahorrar costes, lo ideal es que solo sea 1.

Certificado negativo de la denominación social

El certificado negativo es un documento que acredita que el nombre elegido para la empresa no está dado de alta en el registro mercantil y está disponible para utilizarlo.

La obtención de este documento la explicamos en el punto 3 de la guía, pero es recomendable que vayas trabajando este documento paralelamente, ya que tarda un poco más y no se puede entregar el resto de documentación sin este certificado.

Creación de la cuenta bancaria de la empresa para el depósito de los 3.000€

Para dar de alta la empresa una entidad bancaria debe emitir un justificante de la aportación mínima de 3.000€ de capital social por parte de los socios a una cuenta bancaria provisional que te crea el banco.

EL trámite de esta cuenta se explica en el punto 4 de la guía. No obstante, como en el caso del certificado negativo, recomendamos que se trabaje paralelamente la aportación del capital social en el banco porque sin este justificante bancario no se pueden enviar el resto de la documentación.

Este documento es necesario para cuando asistas a la cita con la cámara del comercio para tramitar el alta, pero si lo consigues tener antes mejor.

Autorización de alta en SL del circe

Este documento solo es necesario en el caso de realizar la tramitación con la cámara de comercio de forma virtual. En el caso de realizar el trámite de manera presencial en la cámara de comercio correspondiente, este documento no es necesario, ya que se firmará allí.

En el caso de querer realizar el trámite de manera virtual y solo hay que rellenar un documento que te proporcionará tu Cámara de Comercio regional

Para ello, solo hay que poner los datos personales del administrador que solicitan e indicar la denominación social de la empresa que viene dada con el documento del certificado negativo.

D/Dª ...., con DNI/NIF ....
y domicilio en ...., provincia de ....,
Calle/Avda /Plaza .... nº ....
C.P ...., AUTORIZO a:

Los técnicos del PAE de la Cámara de Comercio, Industria y Servicios de Madrid, para que
realicen todos los trámites necesarios para cumplimentar el Documento Único Electrónico
(DUE) para la constitución de la empresa .... S , a través de
la tramitación telemática (STT-CIRCE) facilitando a tal efecto la siguiente documentación:

Certificación negativa del Nombre (CNN)
Fotocopia D.N.I./N.I.E. de los socios (en caso de socio persona jurídica, escrituras)
Nº de afiliación a la Seguridad Social
Nº de cuenta bancaria
Mandato domiciliación bancaria en caso de ser necesario (alta inicial en R.E.T.A.)
Autorización debidamente cumplimentada y firmada.

En ...., a ...., de .... de ....

Firma del autorizante

Para cerciorarse de que tienes todos los datos y recopilarlos ordenadamente en un documento Word para no ponerlos sueltos en el cuerpo del email.

Una vez conseguida toda la documentación, esta se tiene que enviar a tu cámara de comercio para que empiecen a tramitarla. Entonces, te enviarán una cita para asistir presencialmente a la cámara a tramitar la documentación o si lo prefieres puedes hacerlo de forma virtual, según deje la cámara de comercio correspondiente.

Antes de seguir con el alta de la empresa, hay una serie de puntos que deberías realizar y tener en cuenta antes de continuar con la creación de la empresa.

2.3.- ¿Cómo habilitar un correo electrónico de la empresa para los trámites de la cámara de comercio?

Para enviar y recepcionar emails que son de la empresa, seguramente estés utilizando un email personal. Esto realmente no es lo correcto y lo que habría que hacer crear un correo de empresa donde se centralicen todos los emails. Si ya tienes un correo de la empresa creado, puedes pasar al siguiente punto.

Una de las opciones más sencillas es crear el correo con el dominio de la empresa. Esto solo se puede hacer si has comprado un dominio si vas a utilizar una web oficial para tu empresa. Normalmente, los proveedores de dominios y hosting habilitan una opción de webmail donde puedes crear y gestionar los correos electrónicos de tu empresa bajo el dominio de esta. Según el proveedor, crear este correo tendrá unos pasos u otros. Para esto mejor consultar las guías de tu proveedor de dominios y hosting.

Si no tienes contratado un dominio web hay una opción muy sencilla para crear tu correo empresarial: Gmail.

¿Cómo crear una cuenta de correo en Gmail de empresa para la cámara de comercio?

1. Para crear una cuenta de correo de Gmail para tu empresa solo tienes que seguir los siguientes pasos. Lo primero es acceder a la página web de Gmail.
2. Una vez en la web tienes que clicar en crea una cuenta.

3. A continuación, tienes que introducir mínimo tu nombre y opcionalmente tus apellidos. En la siguiente pestaña tendrás que introducir tu fecha de nacimiento y tu género.

4. Después, cuando continues, en la siguiente pestaña te sugiere unos emails, pero tienes que seleccionar crear dirección de Gmail personalizada y poner el nombre de tu empresa en el recuadro señalado. En la siguiente ventana tendrás que crear tu contraseña.

5. Después de crear tu correo y tu contraseña, Google te da la posibilidad de poner un correo de recuperación, o si no, puedes saltar este paso. También puedes poner tu número de teléfono o saltar este paso en la siguiente pestaña.

Google

Añade un correo de recuperación

Dirección en la que Google puede ponerse en
contacto contigo si detecta actividad inusual en tu
cuenta o no puedes iniciar sesión

Dirección de correo electrónico de recuperación

Siguiente   Saltar

6. En los siguientes pasos se te indicará que compruebes los datos
    de tu correo. Si le das a continuar, en la siguiente ventana te dará
    las opciones de personalización, debes escoger la recomendada
    de 1 paso que es la sencilla. Para terminar, habrá dos pestañas de
    términos y condiciones que deberás aceptar después de hacer
    scroll. Y ya tienes tu cuenta de correo electrónico de Gmail para
    tu empresa.

2.4.- ¿Teléfono personal o de la empresa?: la forma más económica de habilitar un teléfono empresarial

Normalmente cuando te soliciten datos, es dar el número de teléfono fijo
o móvil de uno de los socios hasta constituir la empresa. No obstante, una
vez obtenido el CIF y dada de alta la empresa, lo lógico es tener una línea
telefónica para la empresa.

¿Cómo tener un teléfono de empresa de forma económica?

La opción más sencilla es utilizar una línea personal como número de
contacto de la empresa. Esta es la más económica, ya que no requiere dar
de alta nuevas líneas telefónicas y te sirves de la cuota que pagas por la
personal.

Otra opción que no es excluyente a la anterior es redirigir una línea
telefónica fija de casa al número móvil personal. Así utilizas la línea que
pagas en casa como número de empresa. Esta opción es económica y,

además, evitas dar tu número personal, ya que las llamadas que entren llamarán al número de la línea fija. Para realizar esto solo debes ponerte en contacto con tu proveedor de línea telefónica y decirle que línea fija quieres redirigir y a qué línea móvil.

La última, solo se puede hacer en cuando tengas el CIF de la empresa. Consiste en abrir una línea móvil nueva para usarla como línea de empresa. Esto te permitirá tener una línea de empresa propia y no dar las líneas personales. Hay muchos proveedores de líneas, pero uno de los más económicos y mejores es Orange que por 15€ al mes tienes tu línea móvil. Para contratarla solo tienes que visitar su web.

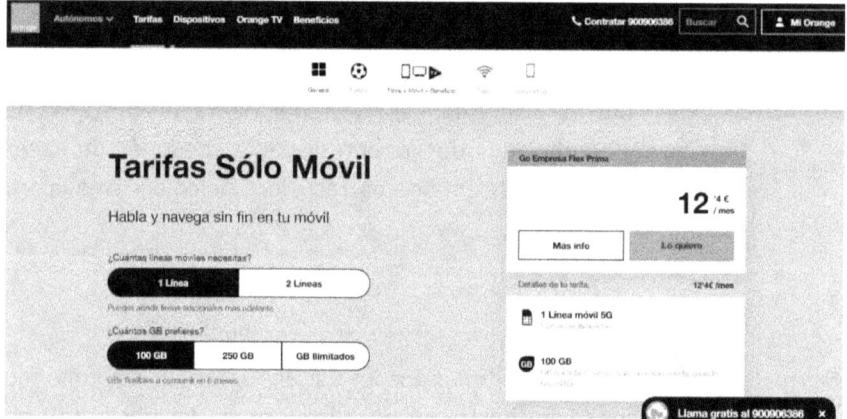

2.5.- ¿Cuánto hay que pagar de cuota de autónomo?

En España, existe la tarifa plana de autónomo durante el primer año donde se paga una cuota de 60€ mensuales. Esta cuota es extensible para todo el territorio español y la solicitas cuando das de alta a la empresa en la cámara de comercio.

En cada territorio pueden aplicar diferentes tarifas planas y beneficios. Esto cuando crees tu empresa, lo puedes preguntar en tu cámara de comercio. Un ejemplo, es la tarifa plana de Madrid que dura los 2 primeros años que reducen la cuota a 50€ mensuales.

Y cuando se acaba la tarifa plana, ¿cuánto hay que pagar de cuota mensual?

A partir del 1 de enero de 2023 el sistema de cotización se basará en el rendimiento neto de los negocios. En otras palabras, cotizarás según los ingresos reales de tu empresa.

Consiste en 15 tramos de cotización y cuotas que van desde los 230 a 500 euros en el año 2023. Esta cuota irá disminuyendo en los tramos con unos beneficios más bajos, mientras que, en los más altos, irá aumentando cada año.

INFORMAR QUE CADA AUTÓNOMO TIENE QUE ELEGIR SU TRAMO, NO LO HACE NI LA ASESORÍA NI LA SEGURIDAD SOCIAL NI HACIENDA. ES RESPONSABILIDAD DE CADA AUTÓNOMO PREVEER CUÁL VA A SER SU RENDIMIENTO NETO

15 Tramos de cotización

Los tres primeros años (entre 2023 y 2025) la cuota mensual, se irá reduciendo, manteniendo o incrementándose en función de los ingresos de los autónomos. Pasados estos primeros años, se tendrá que volver a pactar los nuevos tramos, hasta 2032.

Sin embargo, la primera fase y las variantes vienen definidas en quince tramos de cotización, según los ingresos mensuales. Éstos irán marcando la cuota a pagar en 2023, 2024 y 2025:

Tramo	2023	2024	2025
Menos 670€	230 €	225 €	200 €
Entre 670€ y 900€	260 €	250 €	240 €
Entre 900€ y 1.166,70€	275 €	267 €	260 €
Entre 1.166,70€ y 1.300€	291 €	291 €	291 €
Entre 1.300€ y 1.500€	294 €	294 €	294 €
Entre 1.500€ y 1.700€	294 €	294 €	294 €
Entre 1.700€ y 1.850€	310 €	320 €	350 €
Entre 1.850€ y 2.030€	315 €	325 €	370 €
Entre 2.030€ y 2.330€	320 €	330 €	390 €
Entre 2.330€ y 2.760€	330 €	340 €	415 €
Entre 2.760€ y 3.190€	350 €	360 €	440 €
Entre 3.190€ y 3.620€	370 €	380 €	465 €
Entre 3.620€ y 4.050€	390 €	400 €	490 €
Entre 4.050€ y 6.000€	420 €	445 €	530 €
Más de 6.000€	500 €	530 €	590 €

3.-Solicitud del Certificado negativo de denominación social

3.1.- ¿Dónde solicito el certificado negativo de denominación social?

El certificado negativo de denominación social se solicita en el Registro Mercantil Central. Antes de continuar con los pasos te dejamos explicaciones de qué es el Registro Mercantil Central y qué es un certificado negativo de denominación social:

¿Qué es el Registro Mercantil Central?

El Registro Mercantil es un organismo público en España encargado de mantener y gestionar información legal y económica sobre las empresas y personas jurídicas que operan en el ámbito comercial y mercantil. A través de este registro, se inscriben y publican documentos relacionados con la constitución, modificación y extinción de empresas, así como otros actos y acuerdos relevantes para su funcionamiento, como balances, cuentas anuales y poderes. El Registro Mercantil garantiza la transparencia y legalidad en las transacciones comerciales, proporcionando a terceros información precisa y confiable sobre la situación y actividades de las empresas, lo que contribuye a la seguridad jurídica y al cumplimiento normativo en el ámbito empresarial.

¿Qué es el certificado negativo de denominación social?

El certificado negativo de denominación social es un documento emitido por el Registro Mercantil en España que confirma que una denominación social específica para una empresa no está siendo utilizada por ninguna otra entidad. Este certificado certifica que la denominación propuesta para la empresa está disponible y no está registrada por otra entidad previamente, lo que permite a los solicitantes asegurarse de que pueden utilizar esa denominación al constituir una sociedad o entidad mercantil. El certificado negativo es un paso importante en el proceso de registro de una empresa, ya que garantiza la exclusividad de la denominación elegida y evita posibles conflictos legales en el futuro.

3.2.- ¿Ya sabes cuál será la denominación social de tu empresa?

Antes de empezar a tramitar el certificado negativo de denominación social, tienes que pensar que nombre quieres ponerle a la empresa. Para elegir el nombre de tu empresa puedes seguir los siguientes consejos:

1. **Relevancia y coherencia:** La denominación debe reflejar la naturaleza de tu negocio y ser coherente con tus productos, servicios y valores. Debe dar una idea clara de lo que haces.

2. **Originalidad:** Asegúrate de que la denominación sea única y no esté en uso por otras empresas en tu sector. Realiza búsquedas en el Registro Mercantil y en línea para verificar su disponibilidad.

3. **Fácil de recordar y pronunciar:** Opta por un nombre que sea fácil de recordar, pronunciar y escribir. Evita nombres complicados o demasiado largos.

4. **Evita limitaciones geográficas:** Si planeas expandir tu negocio en el futuro, evita incluir nombres de ciudades o regiones en la denominación, ya que esto podría limitar tu alcance.

5. **Originalidad y creatividad:** Busca nombres que sean únicos y originales. Puedes utilizar combinaciones de palabras o inventar palabras que evocan tu propósito o valores.

6. **Significado positivo:** Asegúrate de que el nombre transmita connotaciones positivas y no tenga asociaciones negativas en otros idiomas o culturas.

7. **Considera el dominio web:** Verifica la disponibilidad del nombre de dominio web relacionado con la denominación que deseas. La coherencia entre la denominación y el dominio puede ser importante para la presencia en línea.

8. **Flexibilidad para crecimiento:** Elige un nombre que no limite el crecimiento futuro de tu negocio hacia diferentes áreas o productos si planeas diversificarte.

9. **Verifica la legalidad:** Asegúrate de que la denominación cumple con los requisitos legales y no infringe marcas registradas existentes.

No obstante, la solicitud del certificado negativo te pide poner hasta 5 propuestas de nombres por si acaso alguno no está disponible o no es admitido. Recuerda que los símbolos no están permitidos en la denominación social. Para finalizar recordar que tienes que ordenar los nombres según la prioridad de elección que quieres que apliquen, por lo que el número 1 es la primera opción que se te dará en cuenta y prevalecerá, si está disponible, ante que los otros.

3.3.- Comenzando los trámites para el certificado negativo de denominación social

Después de acceder a la web tienes que hacer scroll y seleccionar el botón de solicitar certificado.

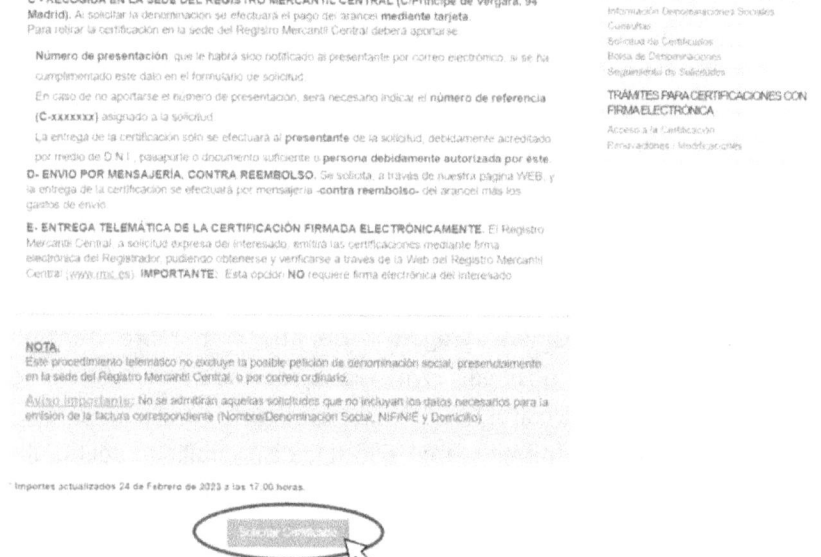

Después de hacer clic, hay que aceptar el aviso legal y se empieza a rellenar los datos.

Una vez aceptado el aviso hay que proceder a rellenar los datos. Lo primero es elegir la opción de constitución de sociedad y una vez realizado poner en el primer recuadro a rellenar el nombre y apellidos de uno de los socios de la empresa.

Una vez rellenado, hay que rellenar la propuesta de nombres para la empresa poniendo el primero al que quieras darle prioridad. Hay 5 huecos, pero la recomendación es poner unos 3. En forma o tipo elegimos Sociedad Limitada.

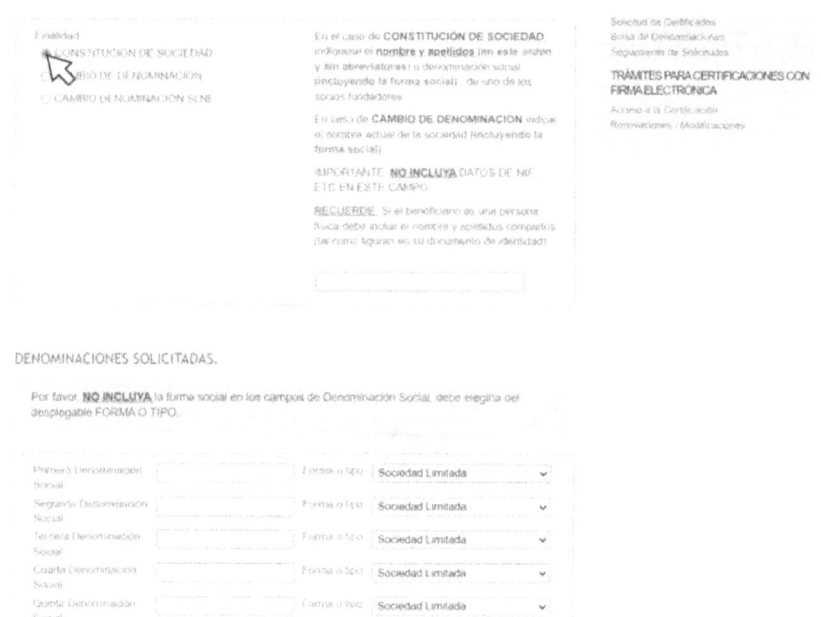

Si le damos a continuar, avanzamos a la cumplimentación de los datos de índole personal. El primer apartado hay que rellenar el nombre y apellidos de unos de los socios, el teléfono móvil de contacto y un email de contacto. Donde recomendamos que sea el email de la empresa.

Después hay que rellenarlo con el nombre y apellidos del destinatario que será el mismo que has puesto arriba. Una vez hecho esto, hay que poner la dirección completa de tu domicilio rellenando todos los recuadros que se indican.

A continuación, hay que rellenar los datos de la factura. Lo primero es seleccionar que la factura se emitirá al presentante y rellenar el documento de identidad del socio que está solicitando el certificado. Después hay que crear una clave o contraseña a tu elección, muy importante guardar bien esta clave que servirá para entrar al estado de tu solicitud.

Para finalizar hay que poner la dirección de la factura que es la misma de tu domicilio anteriormente indicada y finalmente indicar si hay que practicar la retención de IRPF. Siempre habrá que escoger no, a no ser que te encuentres dentro de las Personas y Entidades que se refieren los art. 99.2 y 101.3 a) de la Ley 35/2006 de 28 de Noviembre.

DATOS DEL PRESENTANTE DE LA SOLICITUD
Nombre y apellidos o denominación social:
Teléfono:
E-mail (para recibir el nº de presentación)

DIRECCION PARA EL ENVIO (No apartado de Correos)
Nombre del destinatario
C/Avda/Pza:
Codigo Postal:
Población
Pais: España

DATOS DE LA FACTURA
La factura se emitirá a nombre del: Presentante ▾
Documento: N.I.F ▾
Clave: Información sobre clave

(la clave y NIF se pedirá para visualizar el estado de la certificacion solicitada)

DIRECCION DE FACTURACION
C/Avda/Pza:
Código Postal:
Población:
Pais: España
¿Practicar retención IRPF? -- Selecciona Opción -- ▾

Se recuerda la obligación fiscal de retener e ingresar la rentención en el Tesoro Público que incumbe a las Personas y Entidades que se refieren los art. 99.2 y 101.3 a) de la Ley 35/2006 de 28 de Noviembre.

REGISTRO MERCANTIL CENTRAL, CB . NIF: E87599742

Cancelar   Ver / Imprimir resumen   Volver   Continuar

>> Selecciona la forma de entrega

Ahora hay que seleccionar el tipo de entrega que quieres del certificado negativo de denominación social de la empresa. Lo más sencillo y más práctico es escoger la telemática ya que te enviarán el certificado negativo por correo y lo podrás remitir a la cámara de comercio. Tienes que rellenar el código para comprobar que no eres un bot y reconfirmar el email del envío. Ahora tienes que marcar la casilla de aceptar las condiciones para continuar con el siguiente paso.

El siguiente paso es seleccionar el TPV virtual con el que quieres realizar el pago, no hace falta que la entidad bancaria seleccionada sea la misma que la de la tarjeta con la que vas a realizar el pago.

SOLICITUD DE CERTIFICACIÓN

Y, para terminar, solo hay que pagar a través de la pasarela de pago como una compra normal en una web y recibir el justificante de la solicitud. Ahora solo hay que esperar a la resolución del Registro Mercantil Central.

3.4.- Ya tengo mi certificado negativo

Cuando hayas recibido el certificado negativo, solo hay que adjuntarlo con el resto de los documentos que hay que enviar a la cámara de comercio para continuar con los trámites para abrir tu empresa. La resolución tiene el siguiente aspecto:

CERTIFICACIÓN NO.

El Registrador Mercantil Central que suscribe manifiesta, en base a lo interesado por:
D/Dª.
que su solicitud fue presentada al Diario Informatizado con fecha 10/09/2021, asiento   y asimismo que, efectuada la pertinente busca en la Base de Datos,

CERTIFICO: Que NO FIGURA registrada la denominación

.   ', *SOCIEDAD LIMITADA*

En consecuencia, QUEDA RESERVADA DICHA DENOMINACIÓN a favor del citado interesado, por el plazo de seis meses desde la fecha que a continuación se indica, conforme a lo establecido en el artículo 412.1 del reglamento del Registro Mercantil.

Madrid, a Trece de Septiembre de Dos Mil Veintiuno.

3.5.- Hay que diferenciar denominación social de marca/nombre comercial

La denominación social y la marca comercial son dos conceptos diferentes pero relacionados en el ámbito empresarial. Aquí te explico sus diferencias:

Denominación Social: La denominación social es el nombre legal y oficial de una empresa o entidad. Es el nombre bajo el cual la empresa se registra en los registros públicos y realiza operaciones comerciales. La denominación social se utiliza en documentos legales, contratos y trámites administrativos. En el caso de sociedades mercantiles, como sociedades limitadas o anónimas, la denominación social suele incluir la forma jurídica de la empresa (por ejemplo, "S.L." para Sociedad de Responsabilidad Limitada o "S.A." para Sociedad Anónima).

Marca Comercial: Una marca comercial es un signo distintivo que se utiliza para identificar los productos o servicios de una empresa y diferenciarlos de los de otras empresas. Puede ser un nombre, logotipo, símbolo, eslogan o cualquier otro elemento que identifique la fuente de origen de los productos o servicios. La marca comercial se registra en la Oficina de Propiedad Intelectual para obtener protección legal exclusiva y puede ser utilizada para construir la identidad y reputación de la empresa en el mercado.

En resumen, la denominación social es el nombre legal y oficial de la empresa, mientras que la marca comercial es el signo distintivo utilizado para identificar y diferenciar los productos y servicios en el mercado. Ambos elementos son importantes para la identidad y reconocimiento de una empresa, pero cumplen diferentes funciones y se rigen por diferentes regulaciones legales.

4.-Depósito del capital social para abrir mi empresa

4.1.- ¿Dónde realizo el depósito del capital social?

El depósito del capital social de un mínimo de los 3.000€ como mínimo (que es lo recomendable) se debe realizar a través de una entidad bancaria con una cuenta provisional. Aunque sea una cuenta provisional, se debe elegir con cuidado la entidad bancaria ya que esta será la entidad de futuro que gestionará todas las operaciones, en un principio.

Después de comparar varias opciones de entidades bancarias, la más recomendable es Bankinter que presenta diferentes características favorables para una empresa:

- Comisión de mantenimiento de la cuenta corriente de 20€ mensuales. Estos 20€ al mes equivalen a 240€ al año y se pagan de forma semestral (2 pagos de 120€).
- 0€ de comisión de emisión y mantenimiento de la tarjeta de crédito.
- Tutor personal gratuito.
- Transferencias SEPA web y nóminas, gratuitas la primera al mes.
- Ingresos de cheques web con coste de 1€.
- Adeudo directo SEPA de 0,40€ al mes.

Lo ideal es ir a la oficina de Bankinter más cercana a tu casa o domicilio social y ver quien es tu comercial para informarte. Si no ponte en contacto con tu oficina a través de email o teléfono de contacto de la web.

4.2.- Primeros pasos para abrir tu cuenta provisional empresarial y depositar el capital social

Documentos para realizar el depósito del capital social

Después de ponerse en contacto con Bankinter, tu comercial te pedirá una serie de documentos para poder abrir tu cuenta provisional del banco. Los documentos que tienes que presentar o ya los tienes o bien los debería de tener. Estos documentos son:

Original y fotocopia de los DNI o NIE de los socios

Los DNI de los socios los debes tener ya de los apartados anteriores. Hay que entregar los DNI o NIE de todos los socios de la empresa y que vayan a aportar capital social.

Certificado negativo de la denominación social

El certificado negativo lo tienes que tener del apartado anterior. La entidad bancaria necesita este certificado para verificar la denominación social de la empresa.

Proyecto de la empresa en constitución si lo tienes

Lo normal es que, si vas a abrir una empresa, es que tengas una presentación donde describas el proyecto de la empresa. Normalmente esta presentación la sueles tener preparada cuando tienes la idea de negocio. Por lo que, si la tienes, hay que compartirla con la entidad bancaria. En el caso de no tenerlo, no es obligatorio presentarlo.

Firma del contrato de la cuenta bancaria provisional

Una vez que entregues toda la documentación necesaria, hay que asistir presencialmente a la entidad bancaria para a firmar la documentación para dar validez a la cuenta bancaria.

Con la asistencia de los socios mayoritarios (con más de un 25% de participación de la empresa) es suficiente para poder realizar esta operación.

Igualmente, aunque solo haya un administrador único, puede haber varios apoderados solidarios en el banco. Esto es recomendable porque así podrán hacer transacciones bancarias cualquiera de los apoderados.

Aportaciones de los socios y documento de verificación de las aportaciones del capital social

Cuando se haya firmado la operación, el banco facilitará un IBAN para que los socios puedan realizar las transferencias: ES00 0000 0000 0000 0000 0000. Cada socio debe aportar lo acordado en el acuerdo de socios. Estas aportaciones se registran en la cuenta bancaria y una vez que las verifique la entidad emitirá un certificado de que las aportaciones se han realizado correctamente.

La emisión de este certificado por parte de la entidad bancaria tiene un coste de 50€ que se cargará a la cuenta cuando se constituya la empresa, por lo que tendrás que deducir 50€ del total (2.950€ en el caso de aportar 3.000€).

Una vez verificadas las aportaciones con el certificado, se envía el documento a la cámara de comercio para realizar el trámite de alta de la empresa. Este certificado es necesario cuando vayas a la cita para abrir la empresa con la cámara de comercio, en el envío de documentos no es necesario, pero si lo puedes ir adelantando mejor.

NOTA: es muy importante hacer las aportaciones acordes al porcentaje de la empresa que va a controlar cada socio y no solo en base al dinero que va a aportar. Ej. pongamos que mi aportación dineraria es de 10.000€ (esto no es parte del capital social de los 3.000€ si no lo que quiero o dispongo para invertir en la empresa) y representa el 50% del total de lo que se va a invertir en la empresa, si solo tenemos en cuenta la inversión de cada socio, solo debería controlar el 50% de la empresa, por lo que mi depósito sería de 1.500€. No obstante, no solo el dinero tiene valor, también hay que considerar el trabajo que aporto a la empresa. Supongamos que el cálculo de la propiedad de la empresa la calculamos con lo que aportamos a la inversión (10.000€ hemos dicho) y el trabajo. Decidimos que debo tener un 60% del control de la empresa (esto se negocia con los socios), por lo que mi depósito en el banco para el capital social debería ser el 60% de 3.000€, que serían 1.800€. Yo pondría el 60% de la aportación del capital social (3.000€) para poder controlar el 60% de la empresa, aunque proporcionalmente mi inversión sea del 50%. Esto es para balancear la aportación dineraria con el trabajo aportado.

4.3.-Apertura oficial de la cuenta bancaria después de la constitución de la empresa con el capital social

Para poder abrir oficialmente tu cuenta bancaria empresarial, necesitas realizar el alta oficial y la firma de las escrituras de la empresa. No obstante, lo vamos a explicar en este punto para seguir con las operaciones del banco. Igualmente, si quieres, puedes pasar al siguiente punto y volver cuando hayas terminado de constituir la empresa.

El siguiente paso, es enviar las escrituras de la empresa al banco telemáticamente o que las escaneen si las llevas presencialmente. Esto es para realizar el bastanteo de la empresa en el banco que consiste en verificar el alta de la empresa con el CIF oficial.

Una vez verificadas las escrituras, el banco comunicará que pondrá como principal apoderado al administrador único de la empresa, el cual se le entregará la tarjeta de coordenadas para realizar transacciones y es el que pondrá el número de teléfono móvil para recibir los códigos de las transacciones vía SMS. No recomendamos poner el móvil de empresa porque será para la atención al cliente y puede ser que en un futuro pase a otro departamento y lo delegues.

Después de comunicar esto, el banco citará a este administrador único para que vaya al banco y firme el contrato de manera oficial, si hay algún apoderado más es recomendable que vaya a firmar también. Cualquier socio puede realizar operaciones siempre que tenga la tarjeta de coordenadas y el administrador le indique el código del móvil. Una vez firmado ya podéis realizar operaciones con la cuenta bancaria.

La tarjeta de crédito llegará en los próximos días al domicilio social de la empresa con la clave correspondiente.

5.-Formalización de los estatutos de tu empresa

5.1.- Cita con mi Cámara de Comercio para formalizar los estatutos

Después de entregar toda la documentación anterior, ya puedes citarte con tu cámara de comercio para formalizar la creación y las bases de la empresa.

Para citarte con la cámara de comercio, solo tienes que quedar con ellos vía email en el hilo donde has enviado la documentación. Recuerda que se puede realizar esta formalización tanto vía telemática como vía presencial. En el caso de elegir la vía telemática recuerda que tienes que haber entregado el documento del circe. La recomendación es la vía presencial que es como mejor te vas a enterar de todo cuando formalices tu empresa.

A esta cita pueden asistir todos los socios de la empresa, pero no es necesario que asistan todos, puede ir perfectamente solo el administrador único y realizar estos trámites. Igualmente, lo recomendable es que vayan todos los socios así os podéis enterar bien de cómo se va a conformar la empresa.

Una vez citados, solo hay que asistir a la cámara de comercio.

5.2.- Conformando los estatutos de mi empresa

La cámara de comercio te proporcionará unos estatutos bases y te dará de alta en todo lo que necesites con la apertura de la empresa. No obstante, si quieres unos estatutos personalizados siempre puedes contactar con una gestora o agencia profesional que se dedican a redactar este tipo de documento. Para ahorrar lo máximo posible, lo ideal es quedarte con los estatutos base que te proporciona la cámara y modificarlos en un futuro si fuera necesario.

¿Qué información necesito para conformar los estatutos de mi empresa?

Lo primero en tener en cuenta es la fecha de formalización de los estatutos/empresa que lo indicará la cámara de comercio. También hay que indicar la fecha de cierre de ejercicio anualmente, se podrá el 31/12 por lo general, a no ser que por el tipo de actividad necesites poner otra fecha de cierre.

La duración de la persona jurídica es indefinida por lo general (lo indicará la cámara) y la denominación social viene dada por el certificado negativo de denominación social. También se indicará el capital social, que la recomendación es que sea de 3.000€, en el caso de que sea un importe mayor se indicará, esta cantidad viene dada por el documento de verificación de las aportaciones de los socios. En objeto social hay que indicarle a la cámara que te acoges a los estatutos tipo en el caso de que uses los que la cámara te proporciona, si has redactado unos diferentes o hayas contratado a una empresa especializada, tienes que indicárselo a la cámara.

En número de trabajadores hay que seleccionar 1 que sería el administrados único. En el caso de tener más administradores o trabajadores contratados hay que indicar el número total de personas. La recomendación es solo poner 1 (sería el administrador único) ya que te ahorras tener que dar de alta a más personas y no tienes que emitir nóminas. Aunque haya más personas involucradas en el proyecto, lo ideal es solo indicar que trabaja 1 persona y no poner ningún salario por el momento, ahorrando así los pagos de la nómina y de la seguridad social.

Después habría que indicar el domicilio social, domicilio fiscal y domicilio de notificaciones. Lo normal es que estos 3 sean el mismo y sea el domicilio del socio que habéis escogido para poner la sede. En el caso de que sea otro hay que indicarle los datos necesarios a la cámara de comercio: dirección completa, población, país, código postal y referencia catastral. También hay que indicarles un número de teléfono de contacto y un email de contacto (el de la empresa). También hay que seleccionar el medio de comunicación predeterminado, que será vía correo.

EMPRESA

ACTIVIDAD

Inicio de Actividad: Cierre de Ejercicio

DATOS JURÍDICOS

Duración Persona Jurídica: INDEFINIDA
Denominación Social:
Capital Social: 3000,00

OBJETO SOCIAL

¿Se acoge a estatutos tipo? Sí

TRABAJADORES

Número Trabajadores: 1

DOMICILIOS

Domicilio Social:

Domicilio Fiscal:

Domicilio Notificaciones

COMUNICACIONES Y NOTIFICACIONES

NOTIFICACIÓN TGSS

Teléfono: E-Mail:

MEDIO NOTIFICACIÓN SOCIEDAD

Redacción de los estatutos de mi empresa

Como se ha dicho, la cámara de comercio será que te proporcione el texto, pero te aquí te adelantamos el texto que es por si quieres realizar alguna modificación:

Artículo 1º.- Denominación social.

La denominación de la sociedad es Denominación Social de tu empresa. Se constituye una sociedad de responsabilidad limitada que se regirá por las normas legales imperativas y por los presentes estatutos.

Artículo 2º.- Objeto social.

La sociedad tiene por objeto el desarrollo de las actividades correspondientes a los siguientes códigos y descripciones de la Clasificación Nacional de Actividades Económicas:

Actividad Principal: (está explicado más abajo como obtener el código de actividad)

Otras Actividades:

Artículo 3º.-La duración de la sociedad será INDEFINIDA [y dará comienzo a sus operaciones el día dd/mm/aaaa].

El ejercicio social termina, cada año, el día treinta y uno de diciembre.

Artículo 4º.- Domicilio social y web corporativa.

El domicilio social se fija en:

CALLE XXX, Y,

00000, Población, Ciudad, Comunidad, País,

Inmueble con referencia catastral situado en cualquier punto del territorio común con excepción del País Vasco y Navarra., Referencia Catastral 0000000XX0000X0000XX,

Conforme al art. 11 bis de la Ley de Sociedades de capital, la Junta General podrá acordar que la sociedad tenga una página WEB corporativa, pudiendo delegar en el órgano de administración la elección de la dirección URL o sitio de la web corporativa, que una vez concretada deberá comunicar a todos los socios. Al órgano de administración de la sociedad le corresponde la modificación, el traslado o la supresión de la página web.

Artículo 5º.- Capital social.

El capital de la sociedad es de 3.000,00 euros, dividido en 3.000 participaciones sociales de 1,00 euros de valor nominal cada una, numeradas correlativamente a partir del uno.

Artículo 6º.- Organización de la administración de la sociedad.

La Junta General podrá optar por cualquiera de los siguientes modos de organizar la administración de la sociedad, sin necesidad de modificación estatutaria: un administrador único, de dos a cinco administradores solidarios o dos administradores mancomunados.

Artículo 7º.- Nombramiento, duración y prohibición de competencia.

Sólo las personas físicas podrán ser nombrados administradores. El desempeño del cargo de administrador será por tiempo indefinido.

Respecto de los demás requisitos de nombramiento, incompatibilidades y prohibiciones para ser administrador, se aplicará lo dispuesto en la Ley de Sociedades de Capital. La retribución del administrador será igual a Gratuito.

Artículo 8º.- Modo de deliberar y adoptar acuerdos los órganos colegiados.

La sociedad se regirá por lo dispuesto al efecto para la sociedad de responsabilidad limitada en la Ley de Sociedades de Capital.

La junta general será dirigida por su presidente, que concederá el uso de la palabra, determinará el tiempo y el final de las intervenciones, y someterá a votación los proyectos de acuerdos.

La junta general será convocada mediante anuncio publicado en la página web de la sociedad si ésta hubiera sido creada, inscrita y publicada en los términos previstos en la Ley. Mientras la sociedad no cuente con tal página web, la convocatoria se realizará por cualquier procedimiento de comunicación individual y escrita, que asegure la recepción del anuncio por todos los socios en el domicilio designado al efecto o en el que conste en la documentación de la sociedad.

¿Cómo buscar el código de actividad de mi empresa o CNAE?

El CNAE (Clasificación Nacional de Actividades Económicas) es un sistema de codificación y clasificación utilizado en España y en otros países para categorizar y agrupar las actividades económicas y empresariales en sectores y subsectores específicos. Cada actividad empresarial recibe un código CNAE que refleja su naturaleza y función, lo que facilita la recopilación de datos económicos, estadísticos y la administración fiscal. Esta clasificación es una herramienta esencial para la gestión y análisis de la actividad empresarial en diversas áreas, desde la tributación hasta la investigación económica.

Para buscar mi código de actividad o CNAE hay que ir a la web oficial de la Agencia Tributaria. Una vez en la web hay que seleccionar buscador de actividades y sus obligaciones tributarias.

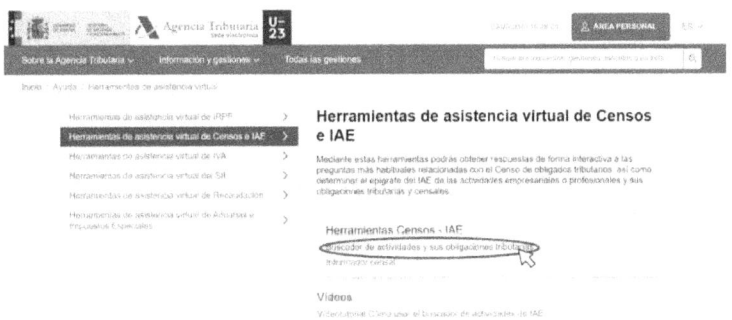

Después tienes que hacer clic en buscar epígrafe de actividad.

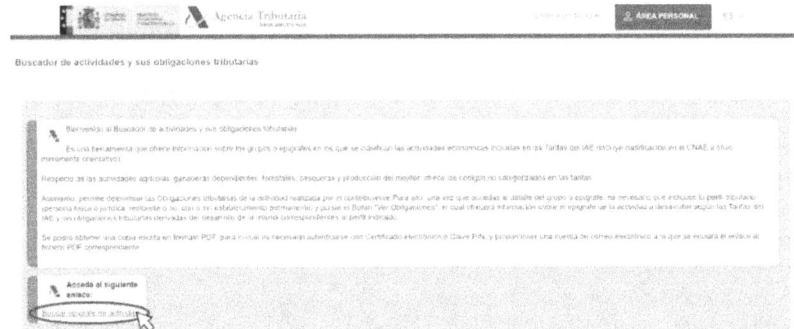

Una vez en el buscador, debes seleccionar del desplegable la sección de actividad, que en tu caso es Actividades Empresariales y escribir en el buscador la actividad que se dedica tu empresa. A continuación, hay que hacer clic en buscar.

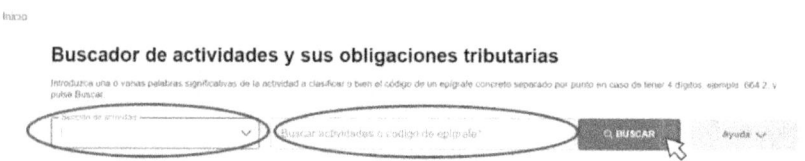

El ejemplo utilizado es el de una agencia de marketing, por lo que se pone en la actividad marketing para la búsqueda. Cuando se bisque saldrá un listado de los diferentes epígrafes, hay que seleccionar cual es el que más se ajusta a tu empresa y pinchar en detalle.

Una vez en la página de detalle, solo tienes que hacer scroll hacia abajo del todo y verás el código de actividad o CNAE que corresponde poner en tus estatutos.

funciona como buscador cobrando a las empresas que figuran en sus bases de datos y que se publicitan. Sociedad que crea una página web ofreciendo hacer la reserva en hoteles sin que ellos cobren al cliente y ofrece poner en contacto a clientes con guías turísticos para hacer visitas culturales.

Información de consultas a la Dirección General de Tributos:

El Grupo 844 puede facultar para la venta al por mayor de productos que diseña si el valor del material sobre el que se realiza el diseño es nulo o muy escaso como papel o cartón,(si el valor del material utilizado para realizar el diseño es relevante se tributará además por el Grupo o Epígrafe que clasifique la venta al por mayor del material o producto de que se trate) Organización, gestión y mantenimiento de foros en Internet financiados con publicidad. Explotación publicitaria de las cabinas telefónicas. Actividad de inserción de publicidad en una página Web. Explotación en Internet vía web (on-line) de noticias, sucesos y acontecimientos llevando a cabo toda la gestión, mantenimiento, publicidad, actualización de páginas web. Promoción de músicos en emisoras de radio. Telemarketing. Agencias o empresas de publicidad que se dedican a la creación y difusión de anuncios o campañas de información publicitaria. Agencia de viajes que ofrece servicios de publicidad. Promoción de discos, salas de fiestas, pubs, discotecas donde se da publicidad para dar a conocer tales artículos, espectáculos o locales. Publicidad directa y **marketing**. Emisión de publicidad para diferentes comercios a través de una página Web. Realización de campañas para difundir y promocionar diferentes productos. Producción de retratos fotográficos y la producción de fotografías comerciales. Difusión de publicidad en un canal en you tube. Inserción de nombre o logo comercial en plaza de aparcamiento.

Correspondencia CNAE:

- 7021: Relaciones públicas y comunicación
- 7311: Agencias de publicidad

Glosario:

- Empresarial. Persona física, jurídica y demás entidades, que ejercen la actividad en el seno de una organización con una infraestructura creada.

Datos de los socios en los estatutos

Después de redactar los artículos de los estatutos, hay que indicar los diferentes datos de los socios en este documento. Todos estos datos ya han sido aportados anteriormente y la cámara ya te proporciona todo relleno. Por lo que tienes que hacer, es revisar que todos los datos son correctos.

El primer socio que aparecerá como Socio 1 será el administrador único de la sociedad con la siguiente estructura de datos:

SOCIO

Doc. Identidad: Nombre: Apellidos:

Nacionalidad: ESPAÑA   Sexo: Varón   Fecha de nacimiento:

S.S. Nº (NSS/NAF):   Estado Civil: SOLTERO

Domicilio Residencia

Domicilio Administrador:

Socio Trabajador: Sí   Presentador ITP/AJD: Si   Socio Administrador: Sí

¿Ejerce funciones de Dirección y Gerencia?: Si

APORTACIÓN

Aportación Dineraria:

Cabe destacar que el domicilio de la residencia y el domicilio del administrador es la misma dirección, solo que aquí aparecerá duplicada.

Después aparecerán el resto de socios con la siguiente estructura de datos:

SOCIO

Doc. Identidad: Nombre: Apellidos:

Nacionalidad: Sexo: Varón   Fecha de nacimiento:

Estado Civil: SOLTERO

Domicilio Residencia

APORTACIÓN

Aportación Dineraria:

La aportación dineraria es el depósito del capital social en el banco por cada uno de los socios. Esto sirve porque para hacerlo más sencillo hemos puesto que cada participación cueste 1€, por lo que cada socio recibirá tantas participaciones como tantos euros haya aportado al capital social. Si yo he puesto 1.800€ del capital social recibiré 1.800 participaciones.

El resto de los datos o cumplimentación de los estatutos lo realiza la cámara de comercio con toda la documentación aportada previamente, lo único que hay que hacer es firmar los estatutos de la empresa aceptándolos.

5.3.- Ya tengo claro los estatutos de la empresa, ¿y ahora qué?

Cuando hayas finalizado la redacción y aceptación de los estatutos de tu empresa con la cámara de comercio, esta procederá a gestionarlos, ya que los estatutos servirán de base para la redacción de las escrituras de la empresa.

No obstante, antes de seguir, tienes que preguntar a la cámara de comercio de tu región si existe algún tipo de subvención para la creación de nuevas empresas en tu sector. En caso afirmativo, la cámara de comercio te ayudará a gestionar la solicitud de la subvención.

Bueno ahora solo hay que seguir con la cita en la notaría para la lectura y la firma de las escrituras de la empresa.

6.-Alta de la empresa y firma de escrituras

6.1.- ¿Cómo escoger la notaría y el notario que gestionará la firma de escrituras?

Para la selección de la notaría es muy importante ver el precio de la misma para poder escoger la más barata y no incurrir en unos costes muy altos. Puede ser que alguno de los socios tenga una notaría de la familia que ya hayan hecho gestiones con ella y les resulte de más confianza independientemente el coste.

No obstante, en las situaciones de que ninguno de los socios conoce ninguna notaría, los más recomendable es que la cámara de comercio recomiende la suya con la que suele trabajar y así agilizar las operaciones. Normalmente las notaría que tiene las cámaras como colaboradoras no suelen ser muy caras y rondan entre los 60 y 70 euros.

6.2.- Ya tengo mi notario, ¿cómo gestiono la cita?

La recomendación es que escojas la notaría que te recomiendo la cámara de comercio, porque así te gestionarán ellos la cita.

Por lo que, si seleccionas el notario de la cámara, en la misma cita con ellos te propondrán una serie de horarios para citar a los socios a la lectura y firma de las escrituras. Importante saber que a esta cita deben acudir todos los socios obligatoriamente para firmar presencialmente.

Una vez confirmado el horario, se reservará la cita conforme lo acordado y la cámara de comercio se encargará de enviar toda la documentación necesaria a la notaría.

En caso de no seleccionar la notaría de la cámara, deberás gestionar tu la reserva de la cita y facilitar toda la información necesaria que la notaría solicite, que suelen ser los estatutos y datos de los socios, pero esto puede variar según la notaría.

6.3.- Lectura y firma de las escrituras de la empresa

Cuando acudan a la cita todos los socios deberán presentar su documento de identidad original que se haya facilitado a la cámara de comercio en su momento.

Lo primero que hay que hacer cuando se llega a la cita es esperar la impresión de una copia de las escrituras. Esta copia os la darán a todos los socios para que la reviséis con mucho detenimiento y comprobéis que todos los datos son correctos. Os dejarán una sala a parte bastante tranquila para que podáis realizar concentradamente esta revisión.

Una vez que le confirméis a la notaría que la fotocopia de la escritura es correcta, procederán a imprimir la original. Una vez impresa os llevarán a una sala con el notario para que os lea y aceptéis las escrituras y el alta de la sociedad. Leerá punto por punto la escritura, la cual finalizará con la firma física de todos los socios en la propia escritura.

Una vez firmada la escritura, la empresa estará oficialmente dada de alta, y el notario tramitará la escritura y adjuntará una serie de documentación para el registro formal de la empresa. Esta escritura con la documentación extra no se da al momento, la notaría te informará para que uno de los socios vaya a recogerla en cuanto esté lista, dándote la escritura y algunas copias para los socios. Es en ese momento, de recogida de la escritura, cuando se realizará el pago de los honorarios de la notaría.

Pues con este punto termina el alta formal de la empresa. No obstante, en el siguiente apartado se explican siguientes pasos y gestiones que se deben hacer para tener la empresa al día con la legalidad.

7.-Próximos pasos a seguir

7.1.- ¿Qué otras gestiones tengo que hacer después de registrar mi empresa?

Después del registro hay algunos puntos que hay que tener en cuenta para tener al día la empresa y que no haya ningún tipo de problema.

Lo primero es, como hemos recomendado en otros apartados, es tener una gestora que gestione la burocracia y la contabilidad de la empresa. Nuestra recomendación es Niobe. Esta gestora te va a ayudar y ahorrar mucho tiempo en los trámites de la empresa, así como la fiscalidad y contabilidad de todas las operaciones. Una opción, por si quieres ocuparte tú de las gestiones y la contabilidad, es contratar esta empresa unos meses hasta realizar toda la burocracia más pesada y después quitarla.

Una vez dicho esto, hay que tener una serie de puntos o gestiones a realizar después de abrir legalmente tu empresa:

Seguro de responsabilidad civil y de oficina

Normalmente, cualquier empresa necesita tener un seguro de responsabilidad civil para poder asumir los costes de indemnización en el caos que suceda algo de índole social. Para contratar este seguro solo hay que ponerse en contacto con una aseguradora y darse de alta en el seguro de responsabilidad civil.

La recomendación es contratarlo con la aseguradora Axa que por unos 300€ al año. Solo hay que contactar con ello para que te asignen un comercial que te pedirá una serie de datos de la empresa y te enviará tu póliza para que la revises y la firmes.

Además, de este seguro, posiblemente (depende de la actividad y la sede) necesites un seguro de oficina. Axa también tiene este servicio por unos 30€ al año, solo habría que solicitar este seguro en caso de necesitarlo y aceptar la póliza como la anterior.

¿Tu empresa necesita algún tipo de licencia?

Otro punto muy importante es saber si tu empresa necesita algún tipo de licencia para realizar la actividad. Como hay muchos tipos de empresas y no se puede abarcar todas las licencias que existen. Lo recomendable es investigarlo por internet y preguntar en la página de tu ayuntamiento que normalmente son los que suelen tramitar este tipo de licencias. Por ejemplo, para abrir una agencia de viajes se necesita una licencia específica que emite el ayuntamiento correspondiente.

Textos legales y RGDP

Muchas empresas, por no decir la gran mayoría, necesita formalizar textos de políticas legales y de protección de datos. Si no eres experto en derecho, es muy difícil que puedas tener estos textos sin una empresa especializada en esto. Estos textos dependerán del tipo de empresa que sea la tuya, pero recomendamos a la Asesoría Equal para redactarte y formalizarte estos textos que por 230€ al año te redacta los textos y te los actualizas. La recomendación es que contrates esta asesoría durante un año y resuelvas todos los aspectos legales en ese año y después te das de baja.

Si tienes una web necesitas si o si unos cuantos textos legales en la web que sean accesibles para el usuario. Estos textos dependerán mucho del tipo de empresa y del funcionamiento que tenga, pero estos son los textos legales mínimos que necesitas para tu web:

- Política de privacidad
- Política de cookies
- Aviso legal

Plataformas de pago

También si vendes algún servicio o producto a través de la web necesitará una forma de que el usuario pueda pagar al realizar las transacciones. Para esto se utilizan plataformas de pago que permiten realizar pagos de manera segura.

Una de las plataformas más famosas y recomendables para usar en tu web es Stripe que ofrece una tarifa del 1,5% sobre el PVP que paga el usuario + 0,25€ por transacción. Para poder empezar a utilizar Stripe solo te tienes que poner en contacto con el equipo comercial de esta empresa y empezar los trámites para darte de alta y empezar a colaborar con ellos.

¿Prefieres contar con un TPV virtual de la entidad bancaria de tu empresa?

Para solicitar un TPV virtual solo tienes que ponerte en contacto con tu asesor comercial y solicitar el alta del TPV. En el caso de necesitar un TPV físico sería los mismos pasos. La documentación que necesitas cumplimentar es la siguiente para que la entidad bancaria pueda realizarte el estudio de riesgo:

- Importes estimados de la facturación anual
- Importe máximo por operación
- Importe acumulado por venta diaria
- Importe máximo diario por tarjeta
- Número máximo de operaciones al día
- Número máximo de operaciones con tarjeta
- Cumplimentar esta solicitud (en el caso de que tu entidad sea Bankinter)

El TPV virtual tiene un coste de 75€ de gastos de alta, una comisión mensual de 25€ y una comisión sobre el importe del pago del 0,8%.

Después de presentar toda la información descrita anteriormente, el banco te dirá si te aprueba el TPV o no. En caso afirmativo, te dará acceso a la plataforma de instalación del TPV en la web para poder realizar pagos de prueba para ver si todo está en orden y funciona correctamente. Para esto es recomendable contar con soporte informático para poder realizar la instalación. La recomendación es utilizar al principio la plataforma Stripe que es no code y no se necesitan conocimientos informáticos y no tiene costes fijos.

Certificado digital del administrador y la empresa

Los certificados de empresa y del administrador son dos cosas esenciales para poder firmar en nombre de la empresa como administrador en gestiones y transacciones vía web/telemática. Para esta gestión sería de gran ayuda contar con la gestora para que tramite la solicitud de estos dos certificados con su firma digital.

Alta en el ROI para transacciones comunitarias

El alta en el ROI para las transacciones intracomunitarias sirve para dar de alta la empresa en el espacio de la comunidad europea. Este alta permite desgravar el IVA o VAT en las operaciones que haga la empresa en la UE.

Para solicitar este alta, la empresa de gestoría te solicitará todo lo necesario y te gestionará el alta.

www.ingramcontent.com/pod-product-compliance
Lightning Source LLC
Chambersburg PA
CBHW071210290526

45796CB00008B/202